인간다움

인간다움

O N   H U M A N N E S S

인간다운 삶을 지탱하는
3가지 기준

김기현 지음

21세기북스

어떤 사람으로 남고 싶은가?

인간다움에 대한 생각이 달라지면
행복에 대한 생각이 달라진다.

행복에 대한 생각이 달라지면
삶의 행동 양식이 달라진다.

삶의 행동 양식이 달라지면
미래의 모양이 달라질 것이다.

우리는 여전히 인간답기 바라는가

4차 산업혁명이 우리의 삶에 큰 변화를 가져오고 있다. 사람이 하던 일을 인공지능이 대신하면서 어떤 직업이 사라지고 어떤 직업이 유지될 것인지, 어떤 직업이 새롭게 각광받을 것인지에 대한 이야기가 무성하다. 예상치 못한 큰 변화는 사람들에게 불안감을 불러일으키고, 호사가들은 불안감에 편승해 디스토피아적인 이야기들을 다양하게 만들어낸다. 엄청난 살상 무기가 개발되어 인류는 종말을 맞이할 것이다. 인간과 같은 로봇이 나타날 것이다. 지능과 물리력에서 인간을 뛰어넘는 그 로봇이 결국 인간을 지배할 것이다. 이런 식의 이야기들 말이다.

인간다움에 대한
인지부조화 상태에 놓인 현대인

　과거 산업혁명 시기에도 불안감에 편승한 암울한 예측이 활개를 쳤지만 결과는 예측과 달랐다. 힘든 과도기를 잘 극복해냄으로써 우리의 삶은 고단한 노동에서 해방되었고 윤택해졌다. 4차 산업혁명도 결국에는 우리 삶에 긍정적으로 기여할 것이다. 단지 우리가 어떻게 대처하느냐에 따라서 그 결과가 더 좋을 수도 있고 덜 좋을 수도 있다. 우리가 할 일은 변화의 추세를 정확히 읽어내고, 현실적이고 적극적인 대응으로 장점을 살리고 잠재적 문제에 대비해 최선의 결과를 내는 것이다.

　새로운 기술 문명은 생활환경뿐 아니라 사람들이 생각하는 방식에도 영향을 미친다. 기술 문명이 가져올 미래를 최적화하기 위해서는 물리적 측면과 정신적 측면 모두에 관심을 기울여야 한다. 그런데 4차 산업혁명 시대에 들어서면서 관심은 온통 직업, 무기, 로봇 등 환경의 변화에만 쏠리고 있다. 사람들의 사고방식, 가치관 같은 내면세계에 대한 관심은 상대적으로 빈약하다. 사람들이 인간미, 인간다움을 잃어가고 있다는 말이 간간이 들려오지만, 물질을 둘러싼 치열한 경쟁의 파도에 묻혀 이런 경고는 큰 울림을 주지 못한다. 우리가 원하는 미래에 도달하기 위해서는 더 늦기 전에 내면세계가 어떻게 변화하고 있는지 살펴봐야 한다. 풍요로운 물질이 피폐한 정신을 위로해주지는 못하기 때문이다. 욕망을 충족시키기 위해 영혼을 파는 파우스트가 될 수는 없지 않은가?

인간다움은 우리의 열망을 담고 있다. 인간다움은 서로를 평가하는 기본적 잣대이며, 한 사회의 수준을 가늠하는 기준이다. 인간다움은 과거를 돌아보며 한 시대를 진단할 때 키워드로 사용되기도 한다. 또한 약육강식과 적자생존이 지배하는 야만의 세계에서 벗어나 문명으로 인도한 성품으로, 우리의 자부심을 구성한다. 그런데 우리 마음의 다른 한 켠에는 전혀 다른 생각도 자리하고 있다. 인간이 다른 동물과 다를 바 없다는 생각이다. 인간은 동물 계열의 연속선상에 있는데, 다른 동물에 비해 지능이 탁월하다 보니 연속선상에 있지 않은 별종이라는 착각을 일으킨다는 주장이다. 도덕적인 규범을 따르는 것이 도움이 될 것을 계산해 규범을 따를 뿐이며, 자신의 이익을 목적으로 한다는 점에서 다른 동물과 다를 바 없는 이기적 존재라는 논리다.

인간을 다른 동물과 구분 짓고자 하는 생각의 부작용에 대한 담론도 도처에서 찾아볼 수 있다. 예를 들어 환경론자들의 주장은 이런 식이다. 인간이 별종이라는 생각이 결국 인간이 지구의 주인이라는 인간중심주의적 생각을 부추기고, 환경을 훼손하는 결과를 낳는다는 것이다. 과학의 확장도 인간다움에 대한 반발에 일조한다고 본다. 인간의 행위와 판단이 점차 과학적으로 해명되면서, 개인들의 가치관이나 이념이 행동과 의사결정에 미치는 영향이 과대평가되었다는 주장도 공공연하게 들려오고 있다.

이렇게 현대인들은 인간다움에 대한 인지부조화의 상태에 놓여 있다. 한편으로는 인간다움을 큰 덕목으로 생각하면서, 다른 한편으로는 인간도 동물과 다를 바 없다는 인간다움에 대한 냉소적 태도가 공존하는 상태다.

이 책이 인간다움을 선택한 이유

이 책은 '인간다움'에 대해 이야기한다. 내면세계를 구성하는 많은 항목 중에서 인간다움을 선택한 이유는 인간다움이 한 시대의 이정표와 같은 역할을 하기 때문이다. 나아가 미래를 진단하는 방향키와 같기 때문이다. 세상의 변화에 어떤 태도를 취해야 할지 결정할 때 인간다움보다 좋은 척도는 없다.

인간다움에 대해 이야기한다고 하면, 대개 어떻게 살아

야 인간답게 사는 것인가를 가르치는 교훈서를 예상한다. 하지만 이 책은 교훈서가 아니다. 오해가 없기를 바란다. 인간다움에 대한 전통적 생각은 어떻게 만들어졌으며, 이 생각이 어떤 변화의 압력을 받고 있는지를 살펴보는 것이 이 책의 주제다. 우리는 인간다움에 대해 어떤 생각을 갖고 있는가? 인간다움에 대한 우리의 생각은 변화하고 있는가? 그렇다면 이 변화의 방향에 대해 어떻게 생각하는가? 이 책은 이러한 질문들에 대한 응수다.

이야기를 풀어가기 위해서는 우선 인간답다는 것이 어떤 것인가를 이해할 필요가 있다. '인간답다'는 말은 흔히 쓰이고 있어서 모두 그 의미를 잘 알고 있다고 생각한다. 그러나 어렴풋이 느껴질 뿐 명확한 의미를 규정하긴 어렵다. 인간다움은 짐승과 구분되는 인간의 어떤 품성을 말하는 것인데, 사람들에게 물으면 백인백색 다른 답이 나온다.

1장은 인간답다는 것이 어떤 것인가를 이야기한다. 하나의 음식이 만들어지기 위해서는 여러 식재료가 적절히 결합해 어우러져야 하듯 인간다움이라는 성품도 몇 가지 재료들이 적절히 결합해 만들어진다. 사용되는 재료는 '공감', '이성', '자유(자율)'다. 1장에서는 각 요소가 어떤 역할을 하며 어떻게 서로를 보완해 인간다움의 개념이 만들어지는지를 살펴본다.

어느 날 갑자기 공감, 이성, 자유(자율)라는 재료가 만들어지고, 이들이 결합해 인간다움이 만들어진 것은 아니다. 이들은 인류의 역사에서 각기 다른 시점에 성장한다. 공감은 문명이 시작되기 전, 아주 오랜 과거에 형성되었다. 반면 이성과 자율은 상대적으로 어린 자산이다. 세상의 이치를 스스로 파악하는 능력으로서의 이성은 기원전 7~8세기경에 씨가 뿌려졌다. 자기 삶을 스스로 개척해나가는 능력으로서의 자율은 그보다 훨씬 뒤인 14세기 무렵이 되어서야 싹을 틔운다.

2장~4장은 1장에서 제시한 인간다움의 요소들이 잉태되고 성숙해 인류의 자산으로 자리 잡는 역사적 과정을 살펴본다. 이 과정에서 개인의 형성이 중요한 접착제 역할을 한다. 여기서는 권위주의가 붕괴되고 개인(자유주의적 개인주의)이 형성되면서 세 요소가 결합해 오늘의 인간다움에 대한 생각이 형성됨을 보여준다.

인고의 과정을 거쳐 인류의 자산으로 자리 잡은 인간다움은 19세기에 들어와 수난을 겪는다. 인간다움을 구성하는 요소들이 속속들이 비판을 받는다. 이때부터 인간다움에 대한 믿음과 그에 대한 반발이 동시에 우리의 세계관에 자리를 잡는다. 그것은 지금까지도 영향을 미치고 있으며, 그 결과가 오늘 우리가 겪는 인간다움에 대한 인지부조화다.

5장은 19세기에 시작된 인간다움에 대한 반발의 과정과 그 여파를 추적한다. 후반부에는 이들 반발이 부적절함을 논증함으로써 인간다움의 자산을 왜 지켜야 하는지 그 이유를 제시한다. 마지막 6장에서는 4차 산업혁명 시대의 인간다움에 대해 논의한다. 인공지능과 생명과학의 결합으로 탄생한 새로운 기술은 인간다움에 대한 전혀 다른 차원의 도전을 제기한다. 이 도전은 19세기의 도전에 비해 훨씬 위협적이다.

　19세기에는 인간다움을 이루는 요소들이 정면에서 드러내놓고 공격받았다. 그래서 전통적인 인간다움을 옹호하는 사람들은 상대방이 무슨 이야기를 하는지, 그에 대응하려면 무엇이 필요한지 알고 있었다. 그러나 4차 산업혁명 시대의 도전은 가랑비에 옷깃이 젖듯 우리의 의식에 은근히 스며든다. 생활 속에서 우리의 수고를 덜어주는 편리한 기계들에 의존하는 사이 인간다움을 이루는 자산은 서서히 힘을 잃어간다.

　이 책은 서양의 역사를 통해 인간다움을 조망하고 있는데, 이에 대한 변명이 필요해 보인다. 인간다움은 인간의 도리와 밀접한 관계가 있다. 그리고 인간의 도리가 무엇인가에 대해서는 대체로 동양과 서양의 견해가 다르다고 여겨진다. 그렇다면 '서양에서의 인간다움을 이야기하는 것이 동양의 문화와 전통 속에서 살아가는 한국인에게 무슨 의미가 있는가'라는 의문이 생길 수 있다. 일리 있는 의문이다.

동양에서의 인간다움, 더 나아가 우리 한국 사회에서의 인간다움이 갖는 고유한 특성을 밝히고, 그 생각이 어떤 상황에 놓여 있는지를 포함하면 논의가 더 풍성해질 수 있다. 필자는 동양 지성사에 과문해 현재로서는 기여하기 어렵지만, 누군가 이 부분을 보완할 수 있다면 좋겠다.

그렇다 해도 서양의 지성사적 배경에서 인간다움을 이야기하는 것이 우리에게 무의미한 것은 아니다. 세상은 이미 글로벌화되어 동서양의 가치관을 구분하는 것은 실상 큰 의미가 없다. 우리의 마음속을 들여다볼 때 얼마만큼이 전통적이고, 얼마만큼이 서양적인지 구분하기 어렵다. 동서양 문명국의 헌법에서 명시하는 기본권이 비슷한 것을 보더라도, 어떻게 사는 것이 인간답게 사는 것인가에 대해서는 대체로 의견이 수렴한다고 할 수 있다.

차례

들어가며 우리는 여전히 인간답기 바라는가 6

CHAPTER 1

입문 · 인간다운 삶을 지탱하는 최소한의 조건

어떤 사람으로 남고 싶은가 ⸻⸻⸻⸻⸻ 21

인간을 인간답게 하는 것 ⸻⸻⸻⸻⸻ 27

공감, 인간다운 삶의 문을 여는 첫 번째 관문 ⸻⸻ 33

이성, 우리 안의 기준이 흔들릴 때 필요한 힘 ⸻⸻ 46

자유, 독립적인 삶으로 완성하는 인간다움 ⸻⸻ 52

수천 년을 건너 영글어 낸 인류의 자산 ⸻⸻⸻ 59

CHAPTER 2

고대 · 이끌리는 삶이냐, 개척하는 삶이냐

인간은 만물의 지배자인가 ⋯⋯⋯⋯⋯⋯⋯⋯⋯⋯⋯⋯⋯⋯⋯ 67

신화의 세계관에 완전한 개인은 없다 ⋯⋯⋯⋯⋯⋯⋯⋯⋯ 75

이성의 도전, 운명에 이끌리는 삶을 거부하다 ⋯⋯⋯⋯⋯ 82

소크라테스에서 아리스토텔레스까지, 고대의 인간다움 ⋯⋯ 87

굳은 길에서 피어난 위대한 이성의 한계 ⋯⋯⋯⋯⋯⋯⋯⋯ 94

CHAPTER 3

중세 · 내면세계라는 집을 짓는 기나긴 여정

나약한 인간의 시대 ⋯⋯⋯⋯⋯⋯⋯⋯⋯⋯⋯⋯⋯⋯⋯⋯⋯⋯ 101

전쟁은 인간의 이성을 위축시킨다 ⋯⋯⋯⋯⋯⋯⋯⋯⋯⋯⋯ 105

혼란과 폭력의 세계에 등장한 위대한 신 ⋯⋯⋯⋯⋯⋯⋯⋯ 113

차가운 이성 VS 뜨거운 의지, 아우구스티누스의 시대정신 ⋯⋯ 119

평등과 내면세계의 확장, 존엄한 인간을 위한 전환기 ⋯⋯⋯ 124

CHAPTER 4

근대 · 개인의 탄생, 온전하고 자유로운 삶의 발견

세상의 중심에서 '나'를 외치다 ⋯⋯⋯⋯⋯⋯⋯ 137

자기다운 삶을 향한 르네상스인의 도전 ⋯⋯⋯⋯ 140

새로운 시대의 신호탄, 종교개혁과 개인주의 선언 ⋯⋯ 149

개인주의적 자유주의는 어떻게 확산되는가 ⋯⋯⋯ 155

이성의 시대는 개인의 시대와 함께 흘러간다 ⋯⋯ 162

모나리자의 미소에 담긴 시대사적 혁명 ⋯⋯⋯⋯ 167

이성과 쾌락의 이중주에서 균형 잡기 ⋯⋯⋯⋯⋯ 180

CHAPTER 5

현대 · 포화 속에 흔들리는 위기의 인간

도전받는 인간 존엄, 부정당하는 이성 ⋯⋯⋯⋯⋯ 189

니체의 망치가 내려친 곳에 공감의 자리는 없다 ⋯⋯ 197

진정한 자유를 방해하는 자유 ⋯⋯⋯⋯⋯⋯⋯⋯ 202

진화론은 인간다움을 어떻게 정의하는가 ⋯⋯⋯⋯ 206

인간다움은 생물학의 울타리를 넘어선다 ⋯⋯⋯⋯⋯ 214

이성에 대한 반발, 반이성주의의 비극 ⋯⋯⋯⋯⋯ 224

자유의 확대인가, 이성의 과장인가 ⋯⋯⋯⋯⋯⋯ 235

CHAPTER 6

미래 · 나는 무엇이 되어야 하는가

다시 포화 속에서 마주하는 격변의 시대 ⋯⋯⋯⋯ 251

인공지능과 생명과학의 조우, 그리고 인간다움 ⋯⋯ 258

마음과 세계는 서로를 변화시킨다 ⋯⋯⋯⋯⋯⋯ 270

인간다움은 어떤 도전을 받고 있는가 ⋯⋯⋯⋯⋯ 280

우리의 공감 능력이 점점 묽어지는 이유 ⋯⋯⋯⋯ 289

인공지능이 선택을 대신하는 삶의 미래 ⋯⋯⋯⋯ 302

나는 누구인가 ⋯⋯⋯⋯⋯⋯⋯⋯⋯⋯⋯⋯⋯ 316

나가며 인간다움에 대한 고민 없이 미래를 꿈꿀 수 있는가 322

주석 330

CHAPTER 1 | 입문

인간다운 삶을 지탱하는 최소한의 조건

"타인도 나처럼 희로애락을 느끼고,
행복을 원하며, 자기 삶의 목표를 추구하는 존재임을 인정하는
존중의 태도가 인간과 동물을 구별한다."

어떤 사람으로
남고 싶은가

주인 잘 만난 반려견은 걱정할 것이 없다. 포식자의 위협도 없으며 생존에 필요한 것은 부족함 없이 공급되고 있으니 그저 본능에 충실하게 살아가면 된다. 다양한 먹을거리가 공급되고, 자고 싶을 때면 언제나 잘 수 있으며, 지루해질 때쯤이면 주인과 함께 산책하러 나간다. 이런 상황을 두고 '개 팔자가 상팔자'라는 말이 생겼을 것이다.

그렇다면 나의 삶은 반려견의 삶보다 나은가? 별걱정 없이 편안히 지내는 반려견의 모습을 보면 나의 삶이 반려

견의 삶보다 나은지 의심스러워질 때가 있다. 편안함을 추
구하고 고통을 피하는 것만을 기준으로 하면 말이다.

삶의 질은 쾌락과 고통의 덧셈 뺄셈만으로
평가할 수 없다

나의 삶이 반려견의 삶보다 나은가를 심층적으로 알아
보기 전에 먼저 쾌락의 측면에서 생각해보자. 강아지와 비
교하면 인간의 쾌락 추구 방식은 세련되고 다양하다. 하지
만 그것이 삶의 질을 높여주는지는 확실치 않다. 감각적 만
족은 쉽게 적응되게 마련이라 즐거움을 주던 일들은 익숙해
지면 어느덧 시들해진다. 장난감을 며칠 갖고 놀면 재미없
어져서 새로운 장난감을 찾아 나서는 아이의 마음과 같다.

일단 쾌락의 쳇바퀴hedonic treadmill에 올라타면 쾌감에 적
응하고 또다시 새로운 쾌락을 추구하는 과정을 끝도 없이
반복해야 한다.[1] 이런 적응과 모색 덕택에 사람들이 추구하
는 쾌락의 레퍼토리가 풍성하게 발전한 측면도 있다. 하지
만 쾌락의 다양화가 과연 쾌락의 총량을 늘려주었는지는
좀 더 따져봐야 한다.

쾌락은 그렇다 치고, 고통은 어떤가? 모든 생명체가 생

로병사의 틀 안에 있으니, 강아지 역시 생로병사를 겪는다. 죽음으로 가는 노화의 과정에서 생명체는 기력이 떨어지고 모두 이런저런 병으로 고통받는다. 그러나 생로병사를 대하는 태도에 있어 강아지와 사람은 매우 다르다.

강아지는 생로병사 자체에 대한 개념이 없으므로 나이가 든다 해도 병이 들거나 죽을 것을 두려워하지 않는다. 그저 하루하루의 감각에 충실하게 살다가 생명이 소진되면 죽는 과정을 겪을 뿐이다. 그러나 인간은 다르다. 병에 걸리지는 않을지, 사랑하는 사람들이 편안히 잘 지내고 있는지 등등 고민과 걱정이 많다.

성인이 되어 관계망이 확대될수록 걱정의 범위도 넓어진다. 특히 자신의 죽음에 대한 공포는 해결되지 않는 걱정거리로, 삶의 질을 떨어뜨린다. 나이가 드는 만큼 책임이 늘면서 걱정은 많아진다. 또한 늙고 병드는 과정 자체의 불편함과 고통에 더해 그에 대한 두려움도 커진다. 고통의 측면에서는 인간의 삶이 주인 잘 만난 반려견의 삶에 비해 훨씬 열악하다. 삶을 둘러싼 이런저런 걱정거리를 생각하면 과연 내 삶이 강아지에 비해 나은지 자신할 수 없다.

그러나 우리는 '쾌락과 고통'이라는 감각적인 차원만을 기준으로 삼아 반려견의 삶과 나의 삶을 비교하지 않는다. 쾌락과 고통을 더하기 빼기해 점수가 낮다는 이유만으로 인간의 삶이 반려견의 삶보다 못하다고 할 수 있을까?

다른 동물과 사람을 구분하는
'인간다움'

과거 교육부의 한 관리가 국민을 개돼지에 비유한 일로 곤욕을 치른 적이 있다. 그의 발언이 국민들의 자존심을 훼손해 공공의 적이 되었고 결국 그는 사직하고 징계까지 받았다. 그의 말에 우리가 분개한 이유는 무엇일까? 국민을 쾌락만 추구하고 고통을 회피하는 본능적 욕구에 메어 있는 존재와 같은 급으로 매도한 것에 모욕을 느꼈기 때문이다. 인간은 동물의 왕국에서 반려견이나 개돼지와 함께 살고 있다. 그럼에도 그 동물들과 같은 수준에 머물러 있지는 않다고 자부한다.

인간이 스스로를 강아지나 개돼지 같은 동물들과는 다른 수준의 존재라고 생각하는 이유는 무엇일까? 도대체 인간은 어떤 점에서 다른 동물들과 구별되는 것일까? 동물과 다른 인간다움은 어떤 품성에 기인하는 것일까? 사실 이런 질문은 때론 이유 있는 거부감을 유발한다. 과연 인간이 다른 동물에 비해 우월한 존재인가라는 의문을 제기할 수 있기 때문이다. 인간이 다른 동물들을 지배하는 위치에 있긴 하지만, 그것과 우월한가는 별개의 문제다.

환경문제를 보면 인간이 우월하다는 생각은 옹색해진다. 세계자연기금World Wildlife Federation, WWF은 1970년부터 2018년까지 야생동물 개체군의 규모가 평균 69퍼센트 감소했다고 보고했다.[2] 이외에도 화석연료 과용과 그에 따른 온난화로 생태계가 파괴되고 있다. 그런데도 국가들은 자신들의 이익만 챙길 뿐 문제해결에는 적극적이지 않다.

이런 점들을 보면 인간도 다른 동물과 마찬가지로 쾌락을 추구하고 고통을 피하는 감각적 차원에 머물러 있는 존재에 불과하다는 생각이 들기도 한다. 그러나 환경을 소홀히 대하는 우리의 모습을 알게 되면서 사람들 대부분은 인간다움을 잃지 않아야 한다는 경각심을 갖는다. 인간도 동물에 불과하다는 자포자기에 빠지지 않는다. 생존과 이기적 본능이 작용하는 힘을 깨달으면서 인간다움의 꿈을 어떻게 유지해야 할지 고민한다.

산업이 자연을 파괴하고 있는 현실을 직시하면 산업이 가져다준 편안함에 안주하기 어려워진다. 아직 존재하지 않는 후손들까지도 나의 공동체를 구성하는 존재로 여기면서 생각의 지평을 넓힌다. 공존의 삶을 위해 지금 우리가 무엇을 해야 하는가를 고민하게 된다. 이렇게 약육강식과 적자생존이 지배하는 동물의 왕국에서 인간을 다른 동물과 다르게 만드는 '인간다움'은 우리의 마음 깊은 곳에 자리 잡고 있다.

'인간다움'이란 말은 익숙한 표현이다. 그러나 생각의 조각들이 그렇듯이 친숙한 낱말도 그것이 무엇을 의미하는가를 묻는 순간, 친숙함이 사라지고 그 의미가 불분명해진다. 사람들은 삶의 목표가 무엇인지를 물으면 주저 없이 행복이라고 대답한다. 그러나 '행복이 무엇인가'를 묻는 순간 그토록 친숙했던 행복의 의미가 알쏭달쏭해진다. 사랑이 그렇고, 아름다움이 그렇고, 성실함이 그렇다. 인간다움도 마찬가지다. 모든 사람이 그 뜻을 다 알고 있는 듯이 느끼며 사용하다가도, 막상 그 의미를 명확히 규정하려면 갑자기 모호해진다.

주변을 돌아보면 도처에서 사람들이 인간성을 잃어간다고 말한다. 사실 이런 말은 요즘의 얘기만은 아니다. 20세기, 19세기, 18세기, 역사의 매 순간마다 했던 말이다. 아마도 역사상 존재했던 모든 기성세대는 "나 때는 이렇지 않았는데 세상이 비인간적이야."라고 말했을 것이다. 그만큼 우리는 '인간다움'에 대한 애착을 놓지 못하고 있다.

그렇다면 대체 우리는 무엇을 인간다움이라고 부르는가? 그 인간다움은 지금 어떤 도전을 받고 있는가?

인간을
인간답게 하는 것

무엇이 사람을 사람답게 하는가? '인간'이라는 표현이 사용되는 경우를 살펴보자. "저 사람 인간이야." 이 문장은 사람을 보고 인간이라고 말한다. 문법적으로 보면 "저 걸 상 의자야."라는 문장과 비슷하다. 의자를 보고 걸상이라 고 하는 말은 하나 마나 한 소리로 우리에게 아무런 감흥을 주지 못한다. 하지만 "저 사람 인간이야."라는 말은 느낌이 다르다.

느낌의 차이가 와닿지 않는다면 이 말은 어떤가? "저

사람 진짜 인간이야." 이 말은 분명 "저 의자 진짜 걸상이
야."와는 질적으로 다른 울림이 있다. 칭찬과 존경의 의미
가 스며 있는 느낌을 준다. "저 의자 걸상이 아니야."라는
문장은 난센스여서 들을 가치도 없지만 "저 사람 인간이 아
니야."라는 문장은 다르다. 한 인물에 대한 심각한 비판을
담은 날카로운 문장이어서 듣는 순간 정신이 번쩍 든다. 인
간이라면 동물과 달라야 하는데 그 기대에 미치지 못함을
질타하는 표현이다. 그래서 "인간도 아니야."라는 말 뒤에
'짐승이야' 또는 '짐승만도 못해' 등의 표현이 자연스럽게
연결된다.

인간다움은 재능과 지식에 의해
결정되지 않는다

　인간을 짐승이 아닌 인간이게 하는 것, 인간을 인간답
게 하는 것은 무엇일까? 다른 동물들이 갖고 있지 않은 어
떤 탁월한 능력 때문에 인간이 인간다워지는 것은 아니다.
물론 인간이 다른 동물에게서 찾을 수 없는 능력을 갖고 있
으며, 이 능력으로 지배적인 위치에 오른 것은 사실이다.
언어를 통해 소통하는 능력, 불을 사용하는 능력, 과학 법

칙을 탐구하는 능력, 음악과 미술을 통해 아름다움을 표현하는 능력, 종교를 통해 영원성을 추구하는 능력 등 인간이 지닌 탁월한 능력은 무수히 많다.

그러나 이러한 능력들이 인간을 우수하게 만들어줄지는 모르지만 사람답게 만들어주지는 않는다. 언어를 멋들어지게 구사하는 사람을 부러워하고 경탄할지는 몰라도, 그가 더 인간답다고 생각하지는 않는다. 영혼을 감동시키는 음악을 작곡하는 사람, 예술적인 그림을 그리는 화가 또한 마찬가지다. 다른 동물들이 그런 일을 해낼 수는 없을 것이며, 그런 탁월한 능력에 기대 인간임에 자긍심을 가질 수도 있다. 그러나 언어와 마찬가지로 음악적 표현이나 미술적 능력이 뛰어난 사람을 더 인간답다고 말하지는 않는다.

과제를 수행하는 그 어떤 능력도 인간다움과 비례하지 않는다. 어떤 수행 능력을 X로 두고 여기에 무엇을 대입해도 "철수는 X를 잘해. 그렇지만 그는 인간답지 못해."라는 말은 항상 성립할 수 있다. 즉 능력이 뛰어나도 인간답지 못할 수 있다는 의미다.

일상적인 화법에서도 능력과 인간다움 사이의 거리를 확인할 수 있다. 우리는 우수한 사람이 꼭 인간답다고 생각하지는 않는다. 오히려 능력이 우수한 사람들에 대해 인간미가 떨어진다고 생각하는 경향이 있다. 그러나 능력 있고 우수한 이들이, 인간다움이 떨어진다는 생각에는 근거가 없다. 능력 있는 사람이 그 능력을 인간적인 방향으로 활용해 존경을 받은 사례는 역사 속에서 수없이 발견된다. 만약 능력과 인간다움이 반비례한다면, 위인전 서가는 텅텅 비어 있어야 한다.

요약하자면 과제를 수행하는 능력은 사람을 사람답게 만들지도 않으며, 인간다움을 해치지도 않는다. 지식과 재능은 좋은 목적으로도 나쁜 목적으로도 사용될 수 있다. 나쁜 목적으로 사용되면 더욱 사악한 결과를 초래한다. 인간이 자신의 잘못을 위장해 범하는 온갖 사악한 짓을 우리는 뉴스에서 수시로 접한다. 자신의 그릇된 행동을 그럴듯하게 꾸며 혹세무민하는 사람들을 도처에서 본다. 이처럼 다른 동물이 갖고 있지 않은 지식과 재능이 인간을 더욱 사악하게 만들어 실제로 짐승보다 못한 존재로 만들 수 있다.

인간다움은 재능과 지식 그 자체가 아니라, 재능과 지식을 어떻게 사용하느냐에 달렸다. 아는 것이 많아서, 또는 아는 것을 잘 활용하기 때문에 인간다워지는 것이 아니다. 지식과 재능을 단지 자신의 이익만을 위해서 사용하지 않기 때문에 인간다움이 발현되는 것이다. 자신의 지식과 능력을 약육강식과 적자생존의 울타리 안에 가두어놓으면 비인간적이 된다.

우리는 모두
각자의 삶을 그리는 주인이다

인간답기 위해서 고매한 품성이 요구되는 것은 아니다. 정직하고, 염치를 알며, 애국심을 갖추고, 자신의 욕망을 절제할 줄 알고, 필요한 때에 용기를 낼 줄 아는 등의 품성은 고귀하다. 그러나 인간답기 위해서 그런 수준까지 도달하지 않아도 된다. 타인의 즐거움과 고통에 공감하고 타인의 삶을 존중하는 것, 나의 만족을 위해 타인을 이용하지 않는 것, 이런 최소한의 도덕성만 갖춰도 인간다울 수 있다.

비록 용기도 없고 자존감이 약해 애국심을 생각할 만큼의 수준에 오르지 못해도 괜찮다. 타인의 고통에 마음 아파하고 자신의 이익을 위해 타인을 이용하는 것에 죄책감을 느끼는 사람은 인간답다. 반면 이런 기본적 품성을 갖추지 못하면, 다른 모든 고매한 덕성들도 위선의 문턱을 넘지 못한다. 동포에 대한 연민과 존중이 없는 사람이 내세우는 애국심은 어떨까? 타인을 조종해 자신의 이익을 추구하기 위한 위장일 가능성이 높다. 그리고 그런 사람이 보이는 용기도 마찬가지다.

타인도 나처럼 희로애락의 정서를 갖고 행복을 원하며 자기 삶의 목표를 추구하는 존재임을 인정하고 존중해야 한다. 이런 존중의 태도는 인간다움의 중심을 이루며 인간을 동물과 구별해준다. 인간의 어떤 품성들이 재료가 되어 이런 기적이 만들어졌을까? 이제부터는 인간다움을 이루는 요소에 대해 자세히 살펴보자.

공감, 인간다운 삶의 문을 여는
첫 번째 관문

우리는 누군가가 고통으로 신음하고 있는 모습을 보면 마음이 불편해진다. 고통받는 사람을 도와야 한다고 배웠는데, 배운 대로 하지 못하는 데서 오는 불편함이 아니다. 고통받는 타인을 보면서 느끼는 우리의 감정은 그것보다 훨씬 직접적이고 원초적이다. 상대방의 고통이 나의 고통처럼 즉각적으로 전해져오는 것이다.

곁에 있는 사람이 고통으로 신음하면 그것이 마치 나의 것인 양 느껴지면서 마음이 아프다. 그 사람의 상황을 판단하거나 도덕적 성찰을 하기도 전에 말이다. 긍정적인 감정의 경우도 마찬가지다. 옆 사람이 기뻐서 환호성을 지르면 나도 이유 없이 기분이 좋아진다.

옆 사람이 웃으면
따라 웃게 되는 이유

주변에 있는 사람의 상태가 나에게 영향을 미치는 가장 원초적인 형태는 정서적 전염 또는 정서 전이emotional contagion다.[3] 곁에 있는 사람이 하품을 하면 나도 모르게 따라서 하품을 하게 된다. 그의 행위를 따라 한 것뿐인데 뒤이어 그의 피곤함도 같이 느껴진다. 옆 사람이 웃으면 나도 따라 미소를 짓는다. 의식적으로 따라 하는 것이 아니라 저절로 미소가 번진다. 이어서 그가 느낀 행복감이 나에게 전해져온다.

주변에 있는 사람의 행동 및 느낌을 공유하는 현상은 널리 알려져 있다. 이처럼 느낌을 공유하는 현상의 배경으로 일부 신경생리학자는 '거울 뉴런mirror neuron'에 주목하기도 한다.

자코모 리졸라티Giacomo Rizzolatti 등의 과학자들은 원숭이의 행동에 관련된 뇌 신경 활동을 연구하고 있었다. 이 과정에서 뜻하지 않은 발견을 한다. 원숭이가 특정한 행동을 할 때 활성화되는 뉴런들이 있는데, 이 뉴런들 중 일부는 다른 원숭이가 하는 같은 행동을 관찰하기만 해도 활성화된다는 것이다. 내가 어떤 행동을 할 때, 그리고 다른 사람의 같은 행동을 관찰할 때 모두 활성화되는 뉴런이 발견된 것이다. 그들은 이 뉴런을 거울 뉴런이라고 불렀다.[4]

이 연구는 행동과 관련된 타인의 마음 상태를 나의 마음 상태로 느끼게 해주는 뇌세포가 있다는 생각을 확산시켰다. 이는 그간 사람들 사이에 받아들여지고 있던 감정이입이나, 공감 등의 능력에 대한 신경생리학적 근거로 떠오르며 많은 사람의 주목을 받았다. 리졸라티의 연구가 보고된 이후 엄청난 관심을 촉발해 수없이 많은 연구가 뒤따랐다. 그러나 이후 많은 연구가 진행되면서 거울 뉴런의 역할이 상당 부분 과장되었음이 드러났다.[5] 예전보다 많이 퇴색하기는 했지만 거울 뉴런에 대한 관심은 여전히 지속되고 있다.

사람들 사이에 일어나는 마음의 공명이 뇌에서 어떻게 이루어지는지를 밝히는 것은 어려운 과제다. 이에 대한 연구는 앞으로도 꾸준히 지속될 것이다. 공명과 관련된 뇌과학적 기제를 밝히는 것은 어려운 문제지만, 타인의 마음을 이해하고 공명하는 현상 자체는 이미 널리 알려져 있다.

우리의 마음은 자신의 세계에 갇혀 있지 않으며 다른 사람들의 마음으로 확장된다. 나의 상황에서 나에게 발생하는 생각과 감정에만 매몰되지 않는다. 우리는 나와 다른 상황에 처한 타인들의 처지를 이해하고, 그 처지에서 어떤 생각과 감정을 갖게 되는지를 이해하는 능력을 갖고 있다. 이는 타자의 관점을 취하는perspective-taking 능력으로, 우리가 흔히 역지사지易地思之라고 말하는 것이다.

비가 오는 날 외출하려는 사람을 보면, 그가 우산을 찾으려 할 것임을 짐작한다. 전화기 너머 들려오는 남자 친구의 목소리가 심상치 않음을 느끼고 그가 왜 화가 났는지를 곰곰이 생각하기 시작한다. 어제 함께 있었을 때의 일을 되짚고, 그 자리에서 했던 말을 되새겨본다. 그러고서 '아 내가 한 이 말에 섭섭했을 수 있겠구나' 하고 깨닫는다. 한동안 찾아뵙지 못한 부모님의 마음을 헤아려 전화를 걸고 외식 약속을 잡는다.

자신의 상태에 갇히지 않고 상대방의 상태에 나를 투영해 상대방의 마음을 이해하는 역지사지의 능력. 이것이 있기에 인간은 공동체를 구성하는 사회적 동물이 될 수 있다. 또한 그러한 능력의 정도가 사람의 사회성을 결정한다. 이 능력이 많이 부족해 상대방의 생각을 잘 이해하지 못하

는 병증이 자폐다. 상대방의 생각을 읽을 수는 있지만 주어
진 상황에서 상대방의 감정에 전혀 공감하지 못할 때 사이
코패스가 된다.

닮은 듯 다른 의미
감정이입, 공감, 연민

역지사지를 함으로써 타인의 관점을 취하는 능력과 관
련된 마음 상태에는 감정이입empathy, 연민compassion, 공감
sympathy 등이 있다. 이들은 서로 혼동되어 쓰이기도 하는데
자세히 들여다보면 주안점에 차이가 있다.

'감정이입'은 위 문단에서 설명한 것처럼 다른 사람의
관점을 취해 현재 그의 마음 상태를 읽어내는 것이다. 그의
상황에 나를 대입시킴으로써 상대방을 읽어내는 능력이다.
문자 그대로 그의 감정 상태pathos로 들어가는em 것이다.[6]

그의 상태에 나를 대입시키는 감정이입은 그의 마음을
이해할 수 있게 해주고 이를 통해 상대방의 행동도 이해하
도록 해준다. 또 그에 맞춰 나의 행동을 조율하는 데도 도
움을 줌으로써 다른 사람과 공존할 수 있도록 한다. 그러나
감정이입 자체는 상대방의 감정을 이해하게 해주는 기제일

뿐이다. 그러한 이해가 어떻게 활용될지는 사람마다 다르다. 상대방을 이해하고 돕기 위한 목적으로 사용될 수도 있지만, 나쁜 목적으로 쓰일 수도 있다. 상대방이 어떤 상황에서 어떤 감정을 갖는지, 또 그런 감정 상태에서 어떤 행동을 하는지를 이해한 후 나에게 유리한 방식으로 이용할 수도 있다.

감정이입은 이렇듯 내가 상대방의 마음을 이해하는 것을 목적으로 한다. 그리고 그 목적을 근거로 나의 행동을 그에 맞추어 조율할 수 있도록 도와준다. 이런 의미에서 감정이입은 상대가 아니라 나를 위한 것이라 할 수 있다.

그러나 상대방의 마음에 대한 이해는 그저 이해에 머물지 않고 그를 향한 호의적 태도로 발전하기도 한다. 우리 말로는 '동정' 또는 '연민'이라고 번역되는 'pity', 'compassion', 'sympathy' 등의 마음가짐이다. 이 단어들은 그 세밀한 내용에 있어 차이가 있다. 상대방이 어려운 상태 또는 고통스러운 상태에 있음을 이해할 때 우리는 그를 향해 '참 안 됐다'라는 마음을 갖는다. 그의 입장에서 그가 현재 매우 고통스러운 상태에 놓여 있음을 이해하는 것, 이것이 연민이다.

여기서 한발 더 나아가 상대방이 느끼는 고통의 상태를 나의 상태처럼 느끼고, 그 고통을 덜어주기 위한 적극적인

마음까지 동반하는 상태가 'compassion' 또는 'sympathy'
다. 상대방의 감정을 '함께ᵒᵒᵐ' 또는 '더불어ˢʸᵐ' 가짐으로
써 남의 고통이 나의 고통이 된다. 그리고 나만큼 다른 이
들도 행복하게 잘 살기를 바라는 마음이 바로 여기서 만들
어진다.

공감은 나를 중심으로
작동한다

　공감 능력은 타인의 고통과 나의 고통 사이의 거리를
좁혀 상호 존중과 공존의 규범이 만들어지는 데에 긍정적
역할을 한다. 물론 강도의 차이는 있지만 공감은 타인의 고
통을 나의 고통처럼 느끼게 만든다. 다른 이의 고통이 나의
고통으로 느껴진다면 상대방을 향한 가혹 행위는 결국 나
에게 고통을 유발하는 셈이 된다. 따라서 공감은 타인을 향
한 가혹 행위를 막아주는 안전장치로 작동한다. 그뿐 아니
다. 타인들도 고통과 기쁨을 느끼는 존재라는 생각이 자연
스레 자리를 잡으며 공존의 윤리로 눈길을 돌리도록 이끌
어준다.

　공감의 능력이 없는 사회는 어떤 모습일까? 캠브리지

사전은 사이코패스를 다음과 같이 정의한다. "다른 사람들을 향한 감정이 없으며 미래를 생각하지 않고 과거에 행한 어떤 것에 대해서도 후회가 없는 사람이다." 공감이 결여된 사회는 사이코패스들로 이루어진 사회와 다르지 않다. 그런 사회에 인간다움이 존재할 수 없다는 것은 너무도 분명하다.

공감이 타인을 배려하는 인간다움으로 가는 길을 열어주는 것은 분명하다. 하지만 우리가 생각하는 인간다움에 도달하기에는 여러 면에서 부족하다. 왜 그럴까? 다른 이의 고통이 나의 고통으로 느껴진다는 이유만으로 다른 이들에게 가혹한 행동을 하지 않는다면, 또 내가 괴롭기 때문에 타인에게 가혹 행위를 하지 않는 것이라면, 다른 사람에 대한 배려는 이기적 행동의 연장선상에 서게 된다. 즉 타인에 대한 배려가 아니라 나의 편안함이 행동의 동기가 되는 것이다.

이처럼 남을 해치지 않고 존중하는 태도가 결국 나에게 도움이 될 것이라는 계산에서 나오는 것이라면 나는 영리한 동물과 다를 바 없다. 우리가 생각하는 인간다움은 이것보다는 차원이 높다. 먼저 상대방도 나만큼 자신의 세계를 만들어나가는 가치 있는 존재임을 인정해야 한다. 그리고 그에 합당하게 행동할 때 나는 짐승의 차원을 넘어 인간다운 존재가 된다.

인간다움으로 인도하기 위해 공감이 보완되어야 할 이유는 더 있다. 동정심, 연민 등의 공감은 때론 나를 피곤하게 만들기도 하고, 때론 부담스러운 감정으로 다가오기도 한다. 우리는 TV나 라디오에서 불행으로 고통받는 이웃들에 대한 사연을 종종 마주한다. 머나먼 대륙의 아이들이 굶주림, 풍토병, 가난에 시달리는 사연이 들려온다. 이럴 때 우리는 어떻게 반응할까?

연민의 감정이 발동하고, 고통받는 이들을 돕기 위해 기부에 참여할 수도 있다. 하지만 항상 그런 것은 아니다. 때로는 연민의 감정이 주는 부담감에서 벗어나기 위해 채널을 돌리기도 한다. 나에게서 시작된 고통은 내가 스스로 원인을 제거해야 하지만, 타인에 대한 공감에서 오는 고통은 눈을 돌려 외면함으로써 손쉽게 제거할 수 있다. 연민은 종종 괴로운 마음을 피하고자 하는 이기적 본능과 충돌한다. 이때 항상 연민이 승리하는 것은 아니다. 그러니 연민이 발동한다 해도 그것이 어려움에 처한 사람을 돕는 행동으로 이어질 것이라는 보장은 없다.

게다가 공감 능력은 편파적이다. 정서를 도덕의 출발점으로 이야기한 데이비드 흄David Hume도 인정했듯이 공감은 인간관계의 친밀도에 의해 영향을 받는다. 우리는 가까

운 이들에게는 연민을 잘 느끼지만, 거리가 있는 사람에게
는 그만큼의 연민을 느끼지 못한다. 나에게 적대적인 사람
에게는 거꾸로 작용하기도 한다.

월드컵 축구 경기에서 한국 팀이 상대 팀과 각축전을
벌이는 상황을 생각해보자. 경기 중 한국 팀의 핵심 선수가
부상을 당해 무릎을 감싸 쥐고 그라운드에서 고통을 호소
하고 있다. 그 선수의 고통이 나의 고통처럼 느껴지며 우리
는 마음 아파한다. 반면 상대 팀의 선수가 부상을 당해 고
통을 호소하는 상황이라면 어떤가? 그 선수의 고통이 우리
팀 선수가 고통받을 때만큼 진지하게 다가오지 않는다. 그
선수의 고통이 나에게 기쁨을 준다고까지 말할 수는 없지
만 어쨌든 묘한 만족감을 주기도 한다.

그뿐만이 아니다. 우리 속담에 "사촌이 땅을 사면 배
가 아프다."라는 말이 있다. 이처럼 나와 가까운 사람의 일
에서조차 질투심이 공감을 덮어버리기도 한다. 더 안 좋은
것은 남의 불행을 나의 행복으로 느끼는 현상이다. 독일어
에는 'Schadenfreude'라는 표현이 있다. 남에게 손해를 끼
친 일Schaden이 나에게 기쁨Freude으로 느껴지는 경우를 말
한다. 이렇듯 우리의 마음에는 공감이라는 이타적인 감정
뿐 아니라 그에 맞서는 이기적이고 편파적인 성격의 다양
한 감정들이 있다. 인간의 정서가 다른 사람들을 나와 동등

한 대우를 받을 가치가 있는 존재로 인정하는 보편적인 윤리로 발전해야 한다. 그러기 위해서는 넘어서야 할 장애물이 많다.

공감과 윤리적 판단의
방정식

공감은 도덕적 감정을 만들어 윤리적 판단을 하는 출발점 역할을 한다. 하지만 다른 한편으로는 이미 형성된 판단의 영향을 받기도 한다. 공포를 예로 들어 살펴보자. 공포란 임박한 위험에 대한 반응으로, 우리로 하여금 위험한 상황에서 도피하도록 도움을 주는 감정이다. 호랑이를 보고 공포를 느끼지 않는 사람은 생명을 부지하기 어렵다. 절벽앞에 섰을 때 오금 저리는 공포를 느끼는 것도 그런 상황을 피해 안전한 지역으로 우리를 인도하는 역할을 한다. 그래서 우리는 위험한 상황에서 공포를 느끼는 것이 자연스러운 일이라 생각한다. 반면 전혀 위험이 없는데도 공포를 느끼는 것은 적절하지 않다고 생각한다.

감정이 적절한가에 대한 판단은 우리의 공감에 영향을 미친다. 영화 속에서 공룡을 만난 주인공들의 공포를 보면서 우리 역시 그 공포에 공감하고 몰입한다. 반면 파리를 보고 공포를 호소하는 인물을 보면 어떤가? 공감은커녕 의아함을 느낄 테고, 감정을 필요 이상 과장해서 표현한다고 생각할 것이다.

고통의 강도에 대해서도 어느 정도가 적절한가를 판단하는데, 이 판단이 공감에 영향을 미친다. 모기에 물린 후 가려움증을 과도하게 호소하면서 온갖 소란을 피워 주변 사람들 신경을 거슬리게 하는 경우를 생각해보자. 물론 가려움증에 괴로울 수 있지만, 그토록 호들갑을 떠는 사람에게는 공감이 발동하지 않는다. 오히려 엄살을 피운다는 생각에 그 사람이 밉살스럽게 보인다. 주어진 상황에서 어느 정도의 고통과 기쁨을 느끼는 것이 적절한지에 대한 이성적 판단이 작동하고 있기 때문이다.

또한 공감은 고통을 느끼는 사람의 상황을 어떻게 이해하는가에 의해 영향을 받기도 한다.[7] 심리학자들이 에이즈 AIDS에 걸려 고통받는 한 여인의 기록을 피험자들에게 소개했다. 그녀는 신체적인 문제뿐 아니라 병 때문에 사회적으로도 고통을 받고 있었다. 그녀의 삶에 대해 서술한 내용을 접한 피험자들 대부분 강한 정도의 공감과 연민을 느꼈음을 확인할 수 있었다.

이제 피험자들에게 그녀의 삶에 대해 추가적인 정보를

제공한 후 반응을 관찰한다. 추가적인 정보에는 과거에 그녀가 많은 남자와 성관계를 맺었으며, 에이즈 예방을 위한 보호 조치를 취하지 않았다는 내용이 포함되어 있다. 추가 정보가 주어진 순간 피험자들의 반응이 급속히 변화했다. 공감이 완전히 사라진 것은 아니지만, 공감의 강도가 현저히 줄어들고 있음이 확인되었다. 이는 공감이 고통의 양과 단순 비례하는 것이 아니라, 상황에 대한 우리의 문화적 견해에 영향받고 있음을 보여준다.

성관계에 대해 개방적인 규범을 갖고 있는 사람들의 경우에는 공감의 정도에서 차이가 크지 않았다. 반면 보수적인 규범을 갖고 있는 사람들의 경우에는 상당히 영향받았음을 알 수 있다. 이로써 공감은 도덕이 출발하기 위한 중요한 초석이지만, 한편으로는 기성의 윤리에 영향을 받고 있음을 알 수 있다.

이성, 우리 안의 기준이
흔들릴 때 필요한 힘

공감은 때론 부정적인 감정에 의해, 때론 상대방이 자신과 얼마나 친밀한가에 의해 영향을 받는다. 그뿐 아니다. 상대방의 상황에 대한 문화적 판단에 의해서도 영향을 받는다. 이는 공감에서 도덕을 도출하려 한 초창기부터 널리 알려져 있던 사실이다.

철학자 흄도 공감의 편파성을 인식하고 "비둘기의 한 조각이 우리의 틀 속에 들어와 마음의 결정을 지도해야 하며, 기왕이면 인류에게 해롭고 위험한 것을 넘어 유용하고 도움이 되는 것을 산출해야 한다."라고 말했다.[8] 여기서 흄이 이야기한 비둘기의 한 조각이란 자비심 또는 박애와 같은 마음이다. 이는 편파성 너머 객관성을 추구하는 능력과 관련된 것으로 해석될 수 있다.

이성은 공감의 부족함을
채워주는 구원투수

　부정적 감정에 무릎을 꿇거나 편파적으로 작동하는 공감을 보완하는 구원투수는 '이성'이다. 이성은 정서를 보정해 보편적 규범을 만드는 데 기여한다. 이성이라는 말은 다소 무겁고 거창하게 들리지만 그 본성은 간단하다. 이성은 '왜?'라는 질문에 대답하는 능력이다.

　오늘 저녁 달무리가 지는 것을 보고 내일 비가 올 것이라고 믿는 사람에게 왜 그렇게 믿느냐고 묻는다. 어디서 한 번 들은 이야기를 근거로 무턱대고 그렇게 믿는다면, 그는 비이성적 태도를 취한 것이고 그의 믿음은 불합리하다. 물론 그의 믿음이 합리적이기 위해서 반드시 기상학적인 근거를 대야 하는 것은 아니다. 소박한 방식으로 근거를 제시해도 얼마든지 합리적일 수 있다.

예를 들어, "달무리와 비의 관계에 대한 속설은 많은 사람에게 받아들여지고 있으며, 이는 오랜 시간 많은 사람이 받아들여온 삶의 지혜다."라고 한다면 어떤가? 꽤 설득력이 있으며 합리적 근거로 작용할 수 있다. 이성은 이렇게 스스로 또는 서로에게 '왜'라는 질문을 던지고, 그 근거를 성찰한 뒤 이유를 찾아 대답하는 능력이다.

믿음뿐 아니라 행위도 '왜'라는 질문의 대상이 된다. 어떤 사람이 길을 가던 사람에게 돌을 던졌다고 하자. '왜 돌을 던진 것'인지 물을 수 있다. 이는 그 행동의 정당성을 밝혀달라고 요구하는 질문이다. 그 사람이 '사람에게 돌을 던지는 충동을 갖고 있어서 그렇게 행동했다'고 하는 것은 이 질문에 대한 대답이 되지 않는다. 위 질문을 통해 알고 싶은 것은 행동의 원인이 아니기 때문이다. 그 행동이 변명의 여지가 있는가, 정당화될 수 있는가 하는 것이 핵심이다.

공감이 편파적으로 작동할 때
이성은 경고음을 울린다

이성은 이렇게 '왜'라는 질문을 던지고 그에 대한 대답을 찾는 인간의 능력이다. 영어로는 이성과 이유가 모두

'reason'을 쓴다. 이유와 이성이 같은 단어로 표기되는 것은 결코 우연이 아니다. 이유 있는 것을 받아들이는 태도, 즉 정당하다고 검증된 것을 받아들이는 태도가 바로 이성이다. 다시 말해 의미의 원천이 같기 때문에 이성과 이유는 영어에서는 같은 단어로 표기된다.

설명과 정당화를 요구하는 이성은 한 사건과 행위의 배후를 이루는 일반적 원리로 우리를 인도한다. 내일 아침에 해가 동쪽에서 뜰 것이라는 믿음을 정당화한다고 해보자. 지금까지 예외 없이 아침이면 해가 동쪽에서 떴다는 반복된 경험에서 정당화가 시작된다. 그러나 과거의 반복만을 근거로 들어 내일에도 같은 일이 발생할 것이라는 판단은 정당화되지 않는다.

우리는 과거의 반복된 사례에서 '항상 아침에 동쪽에서 해가 뜬다'는 일반적 원리를 도출할 수 있다. 이렇게 일반적 원리가 개입하면 바로 거기서 내일 아침에 해가 동쪽에서 뜰 것이라는 미래에 관한 판단이 정당성을 얻게 된다. '철수보다 경수가 키가 더 크고, 경수보다 영수가 키가 더 크다'는 것을 근거로 해 영수가 철수보다 키가 크다고 믿는 경우도 마찬가지다. 이들이 이유로서 효력이 발생하는 바탕에는 '모든 x, y, z에 대하여 x가 y보다 크고 y가 z보다 크면, x는 z보다 크다'라는 일반적 원리가 작동하고 있다.

행동이 합당한가를 판단하는 데도 일반적 원리가 작동한다. '당신은 나에게 거짓말을 해서는 안 된다'라는 도덕적 판단을 보자. 이 판단을 정당화하려면 '거짓말은 옳지 않다'라는 일반적인 원리가 필요하다. 도덕적 판단의 배경에는 이런 일반성이 작동하기 때문에 "나는 당신에게 거짓말해도 되지만, 당신은 나에게 거짓말해서는 안 된다."라는 말은 터무니없는 난센스로 들린다. 이런 말은 이기적인 것을 넘어 비이성적이어서 도덕 언어와 관련된 문법을 훼손하는 형용모순을 범한다. 행위가 도덕적으로 정당화되려면 일반적 원리에 의해 뒷받침되어야 한다. 그리고 이성이 이것을 요구한다.

공감이 편파적으로 작동할 때 이성은 내부적으로 장착한 일반성을 통해 마음에 경고음을 울린다. 방향등도 켜지 않고 내 차 앞으로 위험하게 끼어드는 차를 보며 매우 분노하다가도, 그 운전자가 나와 가까운 사람인 것을 알면 분노가 사그라든다. 이때 이성에 충실한 사람은 이런 반응이 합리적이지 않음을 깨닫는다. 방향등을 켜지 않고 끼어드는 행동은 잘못된 것이므로 가까운 사람이든 아니든 잘잘못에 있어 다르지 않다. 그러니 가깝지 않은 사람에게만 분노가 일어난다는 것은 뭔가 합리적이지 않다는 반성이 고개를 드는 것이다.

사실 친하냐 아니냐에 따라 마음이 다르게 작동하는 편파성이 영향을 미치는 것은 매우 흔한 일이다. 편파성이 작동할 때 이성적 깨달음이 고개를 들지 않을 수도 있다. '우리가 남인가?'라는 식의 마음가짐이 자연스럽게 작동하고 있기 때문이다. 관계의 멀고 가까움에 따라 정서가 다른 것을 은근슬쩍 넘어갈 수 있다. 하지만 이를 근거로 행위의 옳고 그름에 대한 도덕적 규범을 구성하면 이야기가 전혀 달라진다.

　　다음과 같은 판단을 보자. '가깝지 않은 사람이 방향등을 켜지 않고 급격히 끼어드는 행동은 옳지 않지만, 가까운 사람이 그러면 괜찮다.' 일반성을 추구하는 이성은 내부자와 외부자에 대해 도덕적 규범을 편파적으로 적용하는 것을 용납하지 않는다. 행동 규범이 편파적이어선 안 되며 공정해야 한다는 생각은 이성에서 비롯된다. 따라서 일반성이 결여된 행동 규범, 즉 공정하지 않은 행동 규범이 비합리적이라는 생각은 이성에서 나온다.

자유, 독립적인 삶으로
완성하는 인간다움

인간다움을 구성하는 또 하나의 요소는 '자유'다. 다음과 같은 경우를 생각해보자. 한 사회에 서로를 존중하는 도덕적 규범이 통용되고 있으며, 그 사회의 구성원들이 그 규범을 충실히 따른다. 그런데 그 규범을 따르는 이유가 전체주의적 통제의 결과이고, 이를 어기면 엄청난 처벌을 받기 때문이라고 한다면 어떨까?

사실 과거 오랜 기간 인류의 삶은 그런 모습이었다. 특권 계급들이 왕권, 신권을 독점해 자신들의 위치를 정당화하는 이념으로 계급적인 이데올로기를 만들었다. 하층 계급은 선택의 여지 없이 그 이념을 따라야만 했다.

통제와 억압에 길들여질 때
소실되는 인간다움

통제가 세뇌의 과정을 거쳐 모든 구성원이 통제나 억압을 받는다는 느낌 없이 그 규범을 따르게 되었다고 해보자. 이는 조지 오웰이 소설 『1984』에서 묘사한 사회다. 빅 브라더Big Brother는 구성원들의 기억과 생각을 조작해 자신이 원하는 이념에 저항 없이 따르도록 길들인다. 사람들의 행동뿐 아니라 기억과 사고까지 조작한다. 이런 악마적인 사회에서 사람들은 뼛속까지 길들여진 탓에 저항 의식마저 상실한 로봇 같은 존재가 된다.

조지 오웰이 풍자한 사회는 허구 속에만 존재하지 않는다. 그는 이런 허구를 통해 자신의 시대를 위협하는 전체주의를 비판했다. 그가 염두에 둔 전체주의 사회는 국가적 이데올로기를 표방해 개인의 자유와 선택을 제한한 파시스트 사회다. 히틀러의 나치즘이 그 대표적인 예다. 또 이념을 통해 인간개조 작업을 시행하고 개인의 자유를 억압한 공산주의 사회 역시 비판의 대상이다.

이념에 세뇌되어 로봇처럼 주어진 질서와 통제에 따라 움직이는 모습에서 우리는 인간다움을 찾을 수 없다. 왜일까? 바로 '자율성'을 상실했기 때문이다. 자신이 원하는 삶의 모습이 어떤 것인지를 그려 본 뒤, 주어진 상황을 점검하며 스스로 자신의 행동을 결정하고, 앞날을 구성해나가는 것 말이다.

자율적 삶은 본능과 습관에 종속되지 않는다

자율성은 주체성, 자기 결정권, 자주권 등의 다양한 이름으로 불린다. 자율성이 개인의 삶을 꾸려나가는 모습에 적용될 때 '개인적 자율성'이라 부르고, 도덕적 규범을 스스로 구성해나가는 모습에 적용될 때 '도덕적 자율성'이라 부른다. 삶의 모습과 관련되었든 도덕 구성과 관련되었든 자율성은 인간다움의 의미를 탐구하는 데 있어 중요한 축을 이룬다.

자율이 인간다움의 요소로 자리 잡게 된 것은 공감과 이성에 비해 훨씬 최근의 일이다. 전통적인 사회에서 개인들은 그가 속한 공동체를 유지하기 위한 부속품으로 여겨졌다. 외적인 영향이나 압력에 종속되지 않고 스스로 삶을 꾸려나가는 모습에서 인간다움을 찾는 것은 권위주의적 사회가 붕괴하면서 형성된 일이다.[9]

자유롭게 자신의 삶을 가꾸려면 자연적 성향에 절대적 지배를 받아서는 안 된다. 쾌락을 추구하고 고통을 피하라는 본능의 명령, 종족을 번식하라는 자연의 명령에 지배받는 삶에는 자율성이 없다. 자연의 법칙에 따라 이동하는 천체의 움직임과 마찬가지로 자연의 법칙만이 맹위를 떨칠 뿐이다.

자연의 법칙에서는 찾을 수 없는 문화와 도덕률을 갖추었다고 해서 인간다움이 보장되는 것도 아니다. 스스로의 성찰 없이 기존의 이념에 종속되어 있거나, 그것에 세뇌되어 로봇처럼 따른다면 이 또한 자유롭지도 자율적이지도 않은 상태다.

우리는 계속해서 자유와 자율에 대해 말해왔다. 그렇다면 자유롭다는 것은 무엇이며, 삶을 자율적으로 만들어나간다는 것은 무슨 의미일까?

자율적으로
산다는 것의 의미

한 사람의 행동이 자유롭다는 것은 자신이 원하는 것을 선택할 여지가 있음을 의미한다. 예를 들어보자. 여행을 떠나면서 인천으로 갈까 아니면 수원으로 갈까 고민하는 상황이다. 그런데 인천으로 가는 모든 길이 막혀 있다. 이 경우 나는 인천으로 갈 자유가 없다. 가고 싶다 해도 외적 상황에 놓인 장애물이 나의 선택을 가로막고 있기 때문이다. 누군가가 권총을 머리에 대고 협박해 어떤 계좌로 돈을 이체하는 경우, 상관에게 불이익을 당할 것이 두려워 정시에 퇴근하지 못하는 경우, 공권력에 의해 개인이 자신의 의사를 표현할 기회가 막혀 있는 경우 등이 모두 유사한 예다.

이것들은 모두 외적인 강제와 간섭에 의해 선택의 문이 닫혀 있는 경우다. 여기서 결핍된 자유는 무엇이 있어야 한다는 적극적 의미를 포함하지 않은 채 무언가가 없어야 성립하는 자유다. 즉 나의 선택을 가로막는 장애 또는 강제가 없어야 한다는 소극적 의미로 쓰인다. 그래서 '소극적 자유'라고 불린다.

한편 외적인 장애물이 없어서 선택할 수 있는 문이 열려 있음에도 자유가 없는 경우를 생각해볼 수 있다. 저녁 시간에 내일 제출해야 할 과제를 마무리해야 하는 상황이다. 과제를 하는 것이 옳다고 판단했으며 그러기를 원한다. 그런데도 술에 중독되어 저녁 시간을 허비하고 만다. 이 경우 술을 마시는 그의 행위는 자유롭지 못하다. 강박에 의해 통제되기 때문이다.

관대한 주인을 만나 자신이 하고 싶은 것을 대체로 문제없이 할 수 있는 노예가 있다고 하자. 그는 자유로운 존재인가? 그의 행동을 가로막는 간섭과 장애는 없으니 앞서 말한 소극적 의미의 자유는 있는 셈이다. 그러나 우리는 노예를 자유로운 존재라고 생각하지 않는다. 노예는 노예다. 그에게서 빠진 것은 자신이 원하는 목표를 스스로 설정하고, 자기의 계획에 따라 삶을 통제할 수 있는 힘이다.

외부의 간섭과 장애가 없는 것만으로는 충족되지 않는 자유, 자기 통제와 자기 결정이 포함된 자유. 이것을 '적극적 자유'라고 한다.[10] 이는 우리가 흔히 생각하는 자율과 밀접하게 관련된 개념이다.

인간다움은 적극적 의미의 자유, 즉 자율을 포함한다. 사람답기 위해서는 이웃을 나와 같은 귀한 존재로 여겨야 하며, 이 마음이 외부의 통제에 의해 수동적으로 받아들여진 것이어서는 안 된다. 스스로의 성찰을 통해 자발적으로 수용되어야 한다. 위에서 이야기한 적극적 자유, 자율이 동반되어야 한다는 말이다.

　그렇다고 소극적 자유가 인간다움과 무관하다는 뜻은 아니다. 소극적 자유가 없다면, 즉 외적인 장애에 부딪혀 내가 원하는 행위를 선택할 수 없는 상황이라면 내가 자율적으로 내 삶을 이끌어간다는 것은 공허한 이야기가 된다. 따라서 소극적 자유도 자율을 위해 당연히 필요하다. 다만 우리가 인간다움을 이야기할 때 필요한 자유는 장애가 없다는 정도의 소극적 자유에 머물지 않는다. 그보다 더 두터운 의미의 적극적 자유(자율)를 포괄한다는 것을 기억하자.

수천 년을 건너 영글어 낸
인류의 자산

지금까지 우리는 인간다움에 대한 우리의 생각이 어떤 요소들을 포함하고 있는지 알아보았다. 먼저 타인을 나의 이익을 위한 수단으로 대하지 않고, 나와 같은 인격적 존재로 존중하는 모습이 인간적이라는 생각에서 출발했다. 그리고 이런 생각이 공감, 이성, 자유(자율) 이 세 가지 요소로 이루어져 있음을 살펴보았다. 이를 근거로 인간다움을 요약하면 다음과 같다.

공감을 연료로 하고 이성을 엔진으로 해 자율적으로 공동체적인 규범을 구성해 공존하는 성품

공감이 빠지면 타인에 대한 배려라는 의식 자체가 시작되기 어렵다. 그러나 공감만으로는 모든 인격체를 동등하게 대우하는 수준에 도달하기 어렵기에 이성의 개입이 필요하다. 이때 이성이 누군가의 전유물이 되어 공동체 규범을 만들어서는 안 된다. 개인 스스로가 자율적 성찰을 통해 이성을 발현함으로써 공존의 윤리에 도달해야 한다. 인간다움은 그럴 때만 이루어진다.

타인을 나와 동등한 존엄성을 갖춘 인간으로 대할 때 사람다울 수 있다는 생각은 오늘의 우리에게는 당연하게 느껴진다. 그러나 이러한 생각은 순탄치 않은 역사적 과정을 거쳐 만들어졌다. 공감부터 살펴보자. 공감은 느낌을 동반하는 감정의 영역에 속하는데, 감정은 인류 문명의 초기부터 곱지 않은 눈길을 받았다. 우리는 '감정에 휘둘린다'라는 표현을 자주 사용한다. 감정은 인간을 타락의 영역으로 이끄는 것이어서 통제되지 않으면 인간을 불행하게 만든다는 생각이 여러 문명에서 공통으로 나타난다.

느낌은 사적인 영역이고 이를 추구하는 것은 공적인 대의명분을 저버리게 만든다는 생각 또한 문명 초기의 종교

와 신화에 공통적으로 나타난다. 감정의 영역에 대한 이런 부정적인 생각은 인류사를 통해 끈질기게 이어져왔다. 그런 상황에서 감정의 한 형태인 공감은 인간의 도리를 이야기하는 근거로 고려될 수가 없었다.

이성이 인간다움을 구성하는 데 적극적으로 기여하는 과정도 쉽지 않았다. 이성이 인류의 자산으로 주어진 것은 꽤 오래되었다. 하지만 차별을 수용하지 않는 장치로 발전되어 주변의 모든 이웃이 동등한 인격체로 존중받을 자격이 있다는 의식에 도달하기까지는 상당히 오랜 시간을 기다려야 했다. 왜 그리도 오랜 시간이 걸린 것일까?

권위주의 세계의 붕괴와 개인의 탄생, 인간다움을 무대로 올리다

보편적 원리를 추구하는 이성은 기성 관념과 애증의 관계다. 논리는 때론 기존의 생각을 정당화하기 위해 사용되기도 하고, 때론 기존의 생각이 지닌 결함을 깨닫고 새로운 생각을 추구하는 계기를 제공하기도 한다.

전자를 '합리화'라고 부르는데, 이치에 합당한 듯이 꾸며내는 것을 의미한다. 이성적으로 보이게 만든다는 말이다. 이성은 기존의 생각이 잘못되었음을 자각해 비판하는 성찰적 역할도 한다. 나의 생각을 되돌아보고 모순은 없는지, 설득력은 있는지 등을 묻는다. 이때 만족스러운 대답을 얻지 못하면 다른 대안을 찾는 것도 이성의 역할이다. 일명 '혁신'이다. 이성은 개인적 차원에서는 편견과 애증의 관계를 맺고, 문화적 차원에서는 시대를 지배하는 세계관과 애증의 관계를 맺으며 합리화와 혁신의 이중주를 연주한다.

세계관이 공고하고 압도적인 상황에서 이성은 합리화의 역할을 주로 수행하다가 힘이 약화되면 성찰을 통해 더나은 보편적 세계관을 모색하는 역할을 한다. 기성의 계급적 질서가 공고히 자리 잡았던 권위주의 시기에 이성은 계급적 권위주의를 뚫고 평등을 향한 자각까지 성장하지 못했다. 따라서 권위주의의 계급구조가 약해지는 사회적 변화를 기다려야 했다.[11]

자율의 경우도 유사하다. 오랜 기간 인간은 자신에게 주어진 신분을 묵묵히 받아들였다. 자기 위치에서 할 일을 하며 전체적인 사회가 돌아가기 위한 수단의 역할을 하는 것이 본분이라고 생각했다. 그러다 보니 공동체를 떠나 개인이 원하는 삶이 무엇인가를 자율적으로 생각하고 개척하는 것은 불경한 것으로 간주되었다.

공감, 이성, 자유가 함께 어우러져 오늘 우리가 생각하는 인간다움에 대한 생각을 만들기 위해서는 개인의 탄생을 기다려야 했다. 권위주의적이고 계급적인 세계가 붕괴되는 과정과 개인이 탄생하는 과정은 동시 발생적이다. 권위주의적 세계가 붕괴되면서 모든 개인은 동등하게 존중받아야 한다는 새로운 세계관이 생겨났다고 볼 수 있다. 반대로 개인이 동등하게 존중받아야 한다는 세계관이 탄생하면서 권위주의적 세계관이 붕괴되었다고 볼 수도 있다.

어떤 것이 맞는지를 따지는 것은 무익한 논쟁이다. 여기서 주목할 것은 개인이 탄생하면서 이성이 개인에 입각한 새로운 세계관을 만들어내기 시작했다는 점이다. 또한 오랜 기간 눈총을 받았던 감정의 영역이 새로운 조명을 받기 시작했으며, 자유와 자율이 새로운 시대를 여는 슬로건으로 자리를 잡기 시작했다는 점이다. 개인의 탄생과 더불어 공감, 이성, 자유가 협력해 오늘날 우리의 정신을 지배하는 인간다움에 대한 관념이 형성되었다. 따라서 인간다움에 대한 생각이 형성되는 과정을 이해하기 위해서는 개인이 탄생하는 과정을 살펴보지 않을 수 없다.

CHAPTER 2 | 고대

이끌리는 삶이냐,
개척하는 삶이냐

"인간은 이성을 통해 비로소
신의 명령에 따라 행위하는 수동적이고 운명론적인
태도에서 벗어나 자신의 능력으로
삶을 가꾸어나갈 수 있다는 자신감을 얻을 수 있었다."

인간은 만물의
지배자인가

　우리는 '영장'이라는 단어가 무엇을 뜻하는지도 잘 모를 때부터 인간은 만물의 영장이라고 배운다. 영장의 뜻을 대략 정리하면 '모든 피조물의 주인 노릇을 하며 다스리는 최고의 지위를 가진 존재'라는 의미다. 자부심이 잔뜩 부풀어 오르는 말이다. 그런데 인간을 두고 만물의 영장이라고 하는 게 과연 적절한 표현일까?

스스로를 지배자의 위치에
올려놓은 인간

주인 되기는 쉽지 않은 일이다. 지구의 주인으로 인정받으려면 단지 여타 동식물에 대한 지배력뿐만 아니라, 지구를 잘 보살피는 데에 필요한 덕목도 갖추어야 한다. 가장이 가장으로 대우를 받으려면 다른 식구들을 물리적으로 지배만 해서는 안 된다. 집안의 경제와 안전 등을 고려하며 다른 식구들이 어느 정도 편안하게 생활할 수 있는 터전을 마련하는 의무와 책임도 져야 한다. 마찬가지로 인간이 지구의 주인으로 대우받으려면, 지구상의 생물들이 균형 있고 조화롭게 지낼 수 있도록 잘 돌보아야 한다.

많은 사람은 인류가 과연 지구라는 자연에 도움이 되었는지 회의를 품는다. 인간의 환경 파괴로 지구상의 생물종이 사라져가고 있으며, 화석연료 과용과 그에 따른 온난화로 생태계가 파괴되고 있다. 이런 와중에 국가들은 자국의 이익만 챙기며 문제해결을 위한 노력에는 진지하지 않다는 비판이 나오는 실정이다.

인간을 만물, 즉 자연계의 영장이라고 부를 수 있는지에 대해서는 논란의 여지가 있으며 답은 부정에 가깝다. 인간을 두고 적절한 표현을 찾자면 '지배자' 정도가 아닐까 싶다. 지배자는 주어진 집단에서 자신의 선호대로 다른 성원들을 멋대로 쥐락펴락하는 존재인데, 인간이 지구에서 그런 역할을 하고 있기 때문이다.

인간은 언제부터 만물의 지배자가 되었을까? 이 과정 자체가 오랜 시간에 걸쳐 점차적으로 이루어진 데다, 그마저도 역사적 기록이 있기 전에 발생했기 때문에 그 시점을 특정하기가 쉽지 않다. 이에 비해 인간은 어떤 특성 덕택에 만물을 지배할 수 있게 되었는지를 묻는 것이 대답하기에 좀 더 나은 듯하다.

이에 대한 대답은 각양각색이다. 불의 사용, 도구의 사용, 지능, 손가락의 형태, 직립보행, 언어 사용 등이 메뉴에 오른다. 이들 모두가 인간이 지배자가 되는 데 조금씩 기여했을 것이므로 다른 요소들을 배제하고 하나를 꼽아 원인이라고 단정할 수는 없다. 불을 사용할 줄 알아도 다른 동물들에 비해 지능이 현저히 떨어지면 지배자가 되지 못했을 테고, 직립보행과 손가락 모양에 대해서도 같은 이야기를 할 수 있다. 또 아무리 지능이 좋다 해도 구강 구조가 적절히 발달하지 못해 언어를 사용하지 못했다면, 언어 소통을 통한 효율적 협력이 불가능했을 것이다. 다른 후보들의 경우에도 비슷한 논리로 말할 수 있다.

그래도 생존의 관점에서 지배자가 되는 데 무엇이 가장

두드러진 기여를 했을지는 충분히 생각해볼 수 있다. 다음과 같은 단순한 실험을 머릿속에서 한번 해보자. 원시의 시절, 구석기시대보다도 훨씬 전 인간이 소단위로 수렵채집 생활을 하던 시절로 가보자.

인간을 지배자의 위치에 오르게 한 협력

오늘날 우리가 호모 사피엔스라고 부르는 선조 한 사람이 먹을 것을 채집하기 위해 숲을 배회하던 중 불곰을 만난다. 이런 상황에 처한 우리 선조들 대부분은 불곰의 희생물이 되었을 가능성이 높다. 야생에서 선조들이 힘이 센 동물들과 맞닥뜨릴 경우 그 상황을 개인적으로 극복해야 했다면 아마도 인류는 멸종했을 것이다. 불곰뿐만이 아니다. 이외에도 물리적 힘에서 인간을 압도하는 동물들은 무수히 많았을 터다. 그런데 이들과의 생존 경쟁에서 멸종하지 않고 인간이 지배자가 될 수 있는 이유는 무엇일까?

불이나 도구를 사용할 수 있다 해도 당장 불곰을 무찌를 수는 없었을 것이다. 한 인간이 가지고 다닐 수 있는 도구라고 해봐야 정교하지 않은 돌을 두들겨 만든 도끼, 날카로운 나뭇가지 정도였을 테니 불곰과 대적하기에는 역부족이다. 두 발로 걷는 특성도, 손가락 마디가 정교해 세밀한 물건을 만들고 조작할 수 있는 능력도 인류가 다른 동물들과의 초기 경쟁에서 이기는 데는 그다지 도움이 되지 않았을 것으로 보인다.

이런 상상을 해보면 인간 개인에 속한 특징은 만물의 지배자가 되는 것은 고사하고, 살아남는 데도 큰 도움이 되지 못함을 깨닫게 된다. 인간이 지닌 탁월한 개인적 특성은 그것이 무엇이든 간에 물리적인 힘에서 압도적인 수많은 경쟁자를 뚫고 인간을 만물의 지배자로 끌어올리기에는 역부족이다.

그렇다면 인간이 지배자가 될 수 있었던 이유를 어디서 찾을 수 있을까? 바로 '협동' 능력이다. 불곰과 만나는 야생의 상황에서 인간은 서로 힘을 모아 불곰을 제압할 수 있었을 것이다. 반면 불곰들은 그런 효율적인 결집력을 보이지 못했기에 결국 인간이 승리했을 것으로 보인다. 협동 능력에서 뒤처진 동물들은 살아남기 위해서 인간의 손이 닿지 않는 곳이나 인간이 허락해준 특별한 공간을 찾아가야 했다.

그런데 이런 의문이 든다. 협력은 오랑우탄이나 침팬지 그리고 많은 다른 포유류에게도 나타나지 않는가? 개미조차도 협동 활동을 매우 효율적으로 하고 있음이 잘 알려져 있다. 앞서도 이야기했듯 인간이 만물의 지배자가 될 수 있었던 단 하나의 완결된 이유를 찾는 것은 가능하지 않다.

다른 이유로 언어와 지능을 들 수 있다. 이것이 협동의 질에 영향을 미친다. 인간의 지능이 다른 동물들에 비해 더 출중해 더 효과적으로 협력하는 방법을 알았고, 조직적이고 구문화된 언어를 통해 서로 소통할 수 있었기에 더 효과적으로 협력할 수 있었을 것이다. 언어가 발달하는 데는 지능과 신체, 특히 구강의 구조가 영향을 미쳤을 것으로 보인다. 이처럼 여러 요소가 연결되어 인간을 만물의 지배자로 만들었으리라 추측된다.

지배자가 되는 과정에 협력이라는 요소가 엔진으로 작동했고, 지능, 언어, 신체 구조 등이 인류의 협동을 다른 종들의 협동에 비해 우월하게 만드는 윤활제로 작동했다. 협력이라는 메커니즘이 방향을 잡고, 그 물줄기에 지능과 언어가 가세함으로써 지배자의 위치에 오를 수 있었다는 의미다.

군집을 이루며 정착한 인류, 발전의 터를 잡다

인류가 초보적 형태의 사회 교류를 시작한 것은 40만

년 전으로 거슬러 올라간다. 동물들 사이에 존재하는 수준의 원시적인 언어는 약 150만 년 전부터 발전하기 시작했고, 언어라고 부를 만한 체계가 발전하기 시작한 건 10만 년 전쯤이다. 그러다 7만 년 전쯤 인지가 폭발적으로 발달하면서 구체적인 언어를 통해 소통이 가능해진다.

그런 뒤 1만 2000년 전쯤 신석기시대가 시작되고 농업혁명이 일어나면서 정착생활이 가능해졌고, 사람들은 가족과 씨족을 넘어 대규모로 모여 살기 시작한다. 이 무렵부터 인류는 만물의 지배자로 확고히 자리 잡았다.

인류가 대규모의 군집생활을 하도록 만든 핵심 원인이 무엇인가에 대해서는 학자들마다 의견이 분분하다. 어떤 이는 농업혁명을 그 계기로 주장한다. 경작을 통해 음식 공급이 안정화되고 장기간의 수급이 예측 가능해지면서 수렵채집생활을 접고 정착해 대규모 집단이 만들어졌다는 것이다.[12]

이에 동의하지 않는 사람들은 물물교환이 군집생활의 동기라고 주장한다. 소집단 사이의 잉여 물품과 부족 물품이 다르기에 서로 물건을 교환해야 했고, 이 문제를 장기적으로 해결하는 데 농업혁명이 도움이 되었다는 의견이다. 즉 물물교환이 엔진으로 작동했고, 농업혁명은 윤활유가 되었다는 것이다.

경영학이나 경제학을 전공하는 사람들은 이런 의견에 더 호의적이다. 반면 농업에 주안점을 두는 사람들은 농업혁명이 엔진이고, 물물교환은 부수적인 결과라고 이야기한다. 그러나 군집생활이 시작된 시대와 농업혁명이 일어난 시점은 기본적으로 같다는 데에는 의견이 일치한다. 다만 어떤 것이 먼저이며 무엇이 그것을 촉발했는가에 대한 의견이 다를 뿐이다.

가족에서 시작하여 협력의 단위는 점차 커졌고, 정착생활을 통하여 그 규모가 획기적으로 확대되었다. 만물의 지배자로서의 지위는 그만큼 공고해졌다. 그러나 이 과정에서 인간의 집단들은 서로 간에 경쟁하고 갈등할 수밖에 없었다. 갈등 상황에서 살아남기 위해서는 내부의 결속을 공고히 할 필요가 있었다. 그 결과 개인보다는 공동체를 앞세우고, 사회를 위한 개인의 희생을 칭송하는 이데올로기가 꾸준히 만들어진다.

고대 그리스 사회는 이런 특징을 잘 보여준다.

신화의 세계관에
완전한 개인은 없다

　　대부분의 고등동물에서 볼 수 있듯이 협동은 혈연으로
연결된 생물학적 가족에서 출발한다. 인간도 마찬가지다.
고대 그리스 사회를 보자. 신화가 만들어지기 이전의 고대
그리스 사회의 종교는 교리보다는 의례를 중심으로 이루어
졌으며,[13] 그 의례는 가정의 한가운데 설치된 화덕을 중심
으로 진행되었다. 화덕의 불은 조상과 연결해주는 매개체
역할을 한다. 지상에서 위로 향하는 불길이 저 높은 곳 어
딘가에 있는 조상과 연결시켜준다고 생각했을 것이다.

제사 문화와 가부장의 권위

유교 문화에서는 제사가 조상과 만나는 역할을 하는데, 이때 초에 불을 켜는 것으로 제례를 시작해 불을 끄는 것으로 마치는 것과 일맥상통한다. 화덕의 불은 가족을 조상과 연결시켜주며, 불을 통해 연결된 조상은 가족을 재앙에서 보호해준다.

고대 그리스 사회는 가부장 사회였는데, 가장이 화덕의 불을 유지하는 책임을 지고 화덕의 불을 통해 조상과 만나는 의례의 주관자가 된다. 후손들의 길흉화복을 조상이 주관한다고 믿었기 때문에 조상과의 소통 창구인 화덕의 불을 책임지는 가장은 절대적 권위를 가질 수밖에 없다.

전통적 유교 문화에서도 이와 비슷한 현상을 찾아볼 수 있다. 제사에서 가장은 초에 불을 붙이고 끄는 역할을 맡을 뿐 아니라 모든 의식의 순서를 주관한다. 다른 구성원들은 이 과정을 통해 가부장의 지위를 인정하는 문화를 수용하게 된다.

가족 중심의 유대 관계는 점차 공존의 단위가 확대됨에 따라 씨족과 부족을 거쳐 고대의 도시국가 형태로 발전한다. 집단이 도시국가의 규모로 커지면 기억 속의 조상은 희미해지고, 사람들을 연결해주던 화덕은 더 이상 그 역할을 하지 못한다. 이제 조상의 위치에 신들이 자리를 잡았다.

예를 들어 고대에 스파르타가 '라케다이몬'이라 불렸다. 이는 스파르타는 제우스와 님프 타위게테의 아들인 라케다이몬을 수호신으로 삼았음을 보여준다. 마찬가지로 아테네는 아테나 여신을 수호신으로 삼았다. 이들 고대 도시에서는 도시의 중앙에 신전의 성화를 설치해 가정의 화덕을 대체한다. 신전의 성화는 '공공의 화덕'이라 불리며 국가 공동 신의 이름 아래 구성원들을 묶어주는 역할을 한다. 고대의 그리스인들이 국가의 신전을 공공의 화덕이라 부른 것은 그리스 사회가 가족을 중심으로 한 공동체의 성격을 국가로 확대해 발전시켰음을 보여준다.[14]

그리스와 로마에서 신생아는 태어나 며칠이 지나면 가족의 의례에 참여한다. 그러다 수년이 지나면 씨족과 부족에 참여하는 의식을 치르고 10대 후반에 공공의 의식을 통해 시민으로 편입된다. 이러한 입문 의례는 모든 문화에서 찾을 수 있는 매우 보편적 현상으로, 쿨랑주는 다음과 같이 말한다.

열여섯 또는 열여덟 살이 되면, 그[젊은 아테네인]는 사회에 편입되는 의식을 치른다. 그날 제물의 고기에서 연기가 나는 제단이 있는 곳에서, 그는 도시의 종교를 항상 존중하겠다는 결속의 선서를 한

다. 그날로부터 공공의 의례에 편입되는 신고식을 함으로써 시민이

된다. 이 젊은 아테네인이 단계별로 의례에서 의례로 나아가는 과

정을 보면, 인간의 결사체가 점차 강화되는 것을 상징적으로 보게

된다. 이 젊은이가 따르도록 강제되는 경로는 사회가 처음에 발전

해온 그 경로와 같다.[15]

화덕을 통한 가정의 의례와 마찬가지로, 사회적 차원

의 의례도 당시의 종교라고 할 수 있는 신화와 긴밀히 연

결되어 있다. 사실 의례와 신화의 연결은 그리스뿐 아니라

모든 고대 사회에서 나타나는 공통적 현상이다. 의례를 통

해 신을 기쁘게 한다는 것은 겉으로 드러나는 이유고, 실제

그 기능은 복합적이다. 우선 신이라는 영속적인 존재와의

소통을 통해 심리적 안정을 주는 기능을 한다. 한편으론 한

사회가 운영되는 사회적 규범에 참여하도록 유도해 사회가

공동체로서 원활하게 기능하게 만드는 연대의 기제로도 작

용한다.[16]

국가란 확대된 가족이다

고대의 그리스는 사회의 통치에 종교가 중심에 있었던

정교일치의 사회로, 왕의 가장 주된 임무는 종교의식을 주관하는 것이었다. 이런 문화는 그리스가 공화정으로 발전할 때까지 이어진다. 다소 과장해 이야기하자면, 그리스 사회에서(로마에서도 마찬가지였지만) 국가는 확장된 가정이며 조상의 위치에 신이 자리 잡은 것이다.

국가가 혈연으로 연결된 가족이 확장되어 만들어진다고 생각하면, 내가 누구인가는 내가 속한 국가를 떠나 생각할 수 없다는 결론이 나온다. 가족을 중심으로 '나는 누구이며 어떤 사람이고, 어떤 도리를 해야 하는가'를 묻는다면, 그것은 가족 내에서 내가 어떤 위치에 있는가에 의해 결정된다. 그리고 가족 내에서의 위치가 구성원의 권리와 의무를 포함한 인간의 도리를 규정한다.

예를 들어 어머니라는 존재는 자식에 대해 특별한 정서를 가지며 이는 자식에 대한 도리로 구체화된다. 자식 또한 부모에 대해 비슷한 정서와 도리를 갖는다. 가족이라는 틀에서 한 사람이 누구인가 하는 것은 그 사람이 그 집단 내에서 어떤 위치를 차지하고 있는가에 의해 결정된다는 뜻이다.

고대 도시국가는 확장된 가족 같은 정신적 결사체로 인식되었기에 가장 중요한 정신적 가치는 애국심이었다. 가족과 마찬가지로 도시국가에서 각 구성원은 자신이 처한 위치에서 국가의 보존에 헌신하는 것이 가장 중요한 의무였다. 이처럼 국가가 핵심 단위가 되면서 사적인 영역으로서의 가족은 상대적으로 그 가치가 축소된다.

가족의 가치와 국가의 가치가 충돌할 때는 국가가 우선적 위치를 차지하고, 가족은 상대적으로 사소한 것으로 간주된다. 『플루타르크 영웅전』에 소개된 사례는 이러한 경향을 극적으로 보여준다. 레욱트라 전투에서 패배하고 돌아오는 병사들을 맞이할 때 생존해 돌아온 병사의 가족은 애통한 표정을 지어야 했고, 사망한 병사의 가족은 행복한 표정을 지어야 했다. 국가주의적 애국심 앞에서 자연적 본능마저 통제되어야 했던 것이다.

추방이 도시국가에서 가장 무서운 형벌이었다는 것도 같은 맥락에서 이해할 수 있다. 특정한 신의 이름 아래 도시국가에 속한다는 것은 한 개인의 정체성을 구성한다. 따라서 국가에서 추방당하는 것은 정체성의 상실을 의미한다. 이를 잘 보여주는 것이 로마 시인 베르길리우스의 서사시 「아이네이스의 이야기」다.

트로이 전쟁에서 패배해 국가를 잃고 방황하는 아이네이스는 온갖 고난을 겪으며 자신이 속할 국가로 향하기 위해 천신만고의 역경을 겪는다. 로마의 전신인 라티움을 향한 고난의 행군을 하고 결국 아이네이스는 그곳에 정착한다. 이 이야기는 특정한 국가에 속하는 것이 그 시대에 얼마나 중요한 일인가를 상징적으로 보여준다.

이성의 도전,
운명에 이끌리는 삶을 거부하다

신화는 사회 속에서 다양한 역할을 수행하는데, 우리는 지금까지 구성원들을 엮어주는 역할에 주목했다. 고대 그리스의 도시국가들은 신화 속의 한 신과 자신들을 동질화해 그 신을 통해 다른 도시국가와 차별화하고 자체적으로 연대한다. 가족에서 시작한 연대의 규모가 점차 커지면서 공통의 조상을 통해 연대감을 찾을 수 없게 되자 신을 중심으로 가져와 연대의 기준으로 삼은 것이다.[17]

운명론과 신에게 자리를 내주고
인간이 조연으로 밀려나다

신화, 즉 신들의 이야기가 세상을 지배하는 시대에 인간은 역사의 조연으로 자리했다. 신들이 만들어나가는 세계에서 이리저리 상황을 살피며 순응할 수밖에 없는 존재로 밀려난 것이다. 역사의 큰 물줄기가 인간의 의지나 노력과 관계없는 신들의 영역에 속한다는 생각은 자연스럽게 운명론적인 생각을 키운다. 이런 생각은 헤로도토스의 『역사』에 나오는 솔론의 일화에도 잘 나타난다.

크로이소스는 지금의 튀르키예 지역에 자리 잡은 리디아 왕국의 왕이다. 그는 온갖 부와 명예를 차지하며 전성기를 누리고 자신이 세상에서 가장 행복하다고 믿는다. 그리고 '자신이 가장 행복한 사람'이라는 말을 당시의 현인 솔론에게서 직접 듣고자 한다. 그러나 솔론은 크로이소스가 행복한 사람이라고 인정하기를 거부한다.

솔론은 인간이란 우연의 산물이라서 어떤 일이 생길지 알 수 없으며, 끝까지 행복을 누리며 삶을 마감한 것을 알기 전에는 누구도 행복하다고 평하지 못할 것이라고 이야기한다. 인간이 '행복한 삶을 살았는가' 하는 것은 삶의 마지막 장면에서 결정되며, 그 마지막 장면은 인간의 의지와 무관한 운명에 의해 결정된다는 것이 이 일화의 메시지다.

　이런 운명론적 이야기는 이후의 크로이소스의 운명을 통해 클라이맥스에 이른다. 리디아 왕국은 페르시아 왕국과의 전쟁에 휘말리게 되고, 크로이소스는 전쟁에서 아들을 잃는다. 그 자신도 전쟁의 포로가 되어 화형에 처할 위기에 놓인다. 그때 비로소 크로이소스는 솔론의 말을 떠올리며 오만했던 자신을 한탄했다고 한다.

인간을 주인공의
자리로 끌어올린 '이성'

　인간의 삶이 신의 손에 놓여 있다는 운명론적인 이야기는 철학이 출현한 기원전 7~8세기 무렵부터 변화하기 시작한다. 역사가 신들의 이야기, 즉 미토스^{mythos}인 것만은 아니며 인간도 삶의 주역이 될 수 있다는 생각이 나타난 것이다. 그리고 역사 속에 인간의 이야기가 차지하는 비중이 점차 확대된다. 이러한 전환의 시대에 인간을 수동적 위치에서 개척자의 위치로 변화시키는 데에 중요한 역할을 한 것은 바로 '이성'이다.

　이성이라는 말의 연원을 찾아가면 그리스어의 '로고스

logos'와 만난다. 로고스는 어원상 신들의 이야기인 미토스와 대비되는 인간들의 이야기를 의미한다. 인간의 이야기를 의미하는 그리스어 로고스가 어떻게 지성적 능력인 이성의 의미를 갖게 되었을까?

로고스가 쓰인 것은 그 이전부터였겠지만, 기원전 6세기경 헤라클리토스는 로고스를 철학적 주제어로 등장시킨다. 그는 로고스를 세계의 보편적 원리이자 인간의 지적 능력을 지배하는 원리로 이해했다. 동양에서 이야기하는 '도道'와 매우 유사한 용도라고 할 수 있다. 로고스는 때론 보편적 원리를 파악하기 위해 성찰하며 따지는 논증을, 때론 인간의 언어를 의미하기도 하며 점차 그 쓰임새를 넓힌다.

로고스는 이런 과정을 통해 1장에서 설명한 '이성의 모습'을 갖추어나간다. 어떤 믿음에 대해 또는 어떤 행위에 대해 '왜?'라는 질문을 던지고, 이유와 원리에 의해 그 믿음과 행위를 정당화할 것을 요청하고, 그에 답하는 능력으로 발전되었다는 이야기다.

로고스의 등장은 지적인 측면과 실천적 측면에서 이중의 의미를 지닌다. 로고스는 자연계의 실제 모습과 관련된 진리를 파악하는 인식 능력이다. 동시에 좋은 삶이란 무엇이며, 이러한 삶을 운영하기 위해 어떻게 살아야 하는가에 대한 윤리적 규범을 알려주는 능력이기도 하다.

이성의 도래는 일반적 원리에 의해 현상과 행위를 설명하고 정당화하는 지적인 측면이 성장한 것 이상의 의미를 갖는다. 인간은 이성을 통해 세계를 이해하고 어떻게 행위해야 하는지 그 원리를 파악하게 되었다. 동시에 자신의 능력으로 삶을 가꾸어나갈 수 있다는 자신감도 가질 수 있었다. 그뿐 아니다. 신화에서 신이 말하는 대로 세상을 이해하고, 신의 명령에 따라 행위하는 수동적이고 운명론적인 태도에서 벗어났다. 이성을 통해 세상의 원리를 이해하고 스스로 삶을 개척할 수 있다는 적극적 관점이 부각되기 시작한 것이다.

소크라테스에서 아리스토텔레스까지, 고대의 인간다움

    이성을 통해 삶을 인간 스스로 개척해나갈 수 있다는 생각을 가장 강력한 형태로 제시한 철학자는 소크라테스다. 소크라테스는 어떤 저술도 남기지 않았으며 그의 철학은 플라톤의 저술 속에 인용으로 남겨져 있다. 그래서 어디까지가 소크라테스의 생각이고, 어디까지가 플라톤의 생각인지 분별하는 것은 전문가들 사이에서도 여전히 논쟁이 되고 있다.

    그러나 분명한 것은 소크라테스는 '성찰이 없는 삶은

살 만한 가치가 없다'고 생각했다는 점이다. 소크라테스는 어떻게 살아야 하는지를 집요하게 파고들어 탐구했으며, 이 태도가 플라톤을 비롯한 후세의 철학자들에게 깊은 영향을 남겼다. 이런 이유로 후세의 그리스 철학자들은 '좋은 삶은 성찰을 통해 영혼을 돌보는 일'이라는 소크라테스의 생각을 계승한다. 그리고 이 의미를 구체적으로 발전시키는 작업이 그들 철학에 면면히 이어진다.

이성의 지휘 아래
욕망과 기개를 절제하는 삶

플라톤은 영혼에는 서로 구분된 세 영역이 있어 이들이 각기 우리의 행동에 영향을 미친다고 생각했다.

첫째는 쾌락을 추구하고 고통을 피하는 본능의 부분이다. 플라톤은 이러한 성향을 돈과 이득을 사랑하는 '욕망'의 영역이라고 부른다. 둘째는 명예를 사랑하는 부분으로 '기개'의 영역이다. 우리는 억울한 일을 당하면 배고픈 것을 잊고 먼저 그 일을 해결하려 한다. 사회적 영역에서 나타나는 분노와 같은 정서 역시 행동을 지배하는 것으로 영혼의 한 부분을 이룬다. 셋째는 지혜를 사랑하는 부분으로

'이성'의 영역이다. 우리는 진리를 알고자 하는 욕구를 갖고 있을 뿐 아니라, 삶에서 부딪히는 문제를 해결할 때도 가장 효과적인 방법이 무엇인가를 궁리한다. 플라톤은 이론적·실천적 영역 모두에 있어 지적인 탐구를 하는 것을 이성의 영역으로 이해했다.

위의 세 영역은 쾌락적 본능, 경쟁심, 호기심 같은 것에 대응하는 것으로 이해할 수도 있다. 물론 비유적 표현이지만 플라톤은 위의 세 영역을 신체의 배, 가슴, 머리에 대응시킨다. 이런 대응 관계는 오늘날 우리의 행동 방식에도 나타나고 있어 흥미롭다. 배고플 때 배를 만지고, 분통 터질 때 가슴을 친다. 그리고 곰곰이 생각할 때는 머리에 손을 얹는다.

플라톤은 개인적 영혼에서 서로 다른 세 부분을 이야기하듯이 사회적 차원에서도 세 계급을 이야기한다. 사회가 정상적으로 운용되기 위해서는 먼저 식량과 생활용품이 공급되어야 한다. 이를 담당하는 것이 생산자 계급으로, 욕망 충족을 위한 역할을 담당한다. 공동체를 유지하려면 외부의 위협에서 공동체의 안전을 보장하는 군사 계급이 필요하다. 기개가 뛰어난 사람들이 이 역할을 담당한다. 다음으로는 생산과 안보를 조율하며 올바른 사회에 대한 지혜를 토대로 전체 사회를 안정적으로 이끌어가기 위한 지도

자 계급이 필요하다. 이성이 탁월한 사람들이 이 역할을 맡는다.

개인 영혼의 차원에서 보는 좋은 삶을 위해서든, 사회적 차원의 조화롭고 정의로운 사회를 위해서든 플라톤은 '질서kosmos'와 '조화'를 중심에 놓는다.[18] 그는 영혼 차원의 좋은 삶은 충돌할 수 있는 세 영역 사이의 질서와 조화로 이루어진다고 생각했다. 세 영역이 서로 주도권을 가지려고 충돌하는 영혼은 지리멸렬한 상태에 머물러 평화를 유지할 수 없다.

따라서 이성이 질서를 잡을 필요가 있다. 욕망은 자신에게 좋은 것처럼 느껴지는 이득을 좇지만 결국 자신을 파멸의 길로 이르게 할 수 있다. 기개는 명예로워 보이는 것을 따라가지만 맹목적으로 분노를 따르면 스스로를 부끄럽게 만들 수 있다. 그래서 욕망과 기개는 진리를 냉정히 사색하는 이성의 지휘를 받아야 한다. 이성의 지휘 아래 욕망과 기개를 자신의 본분에 맞게 절제하며 사는 것, 이것이 평화와 질서를 겸비한 좋은 삶이라는 것이 플라톤의 생각이다.

마찬가지로 정의로운 사회는 각 계급이 자기 본분의 영역을 담당하며 남의 영역에 간섭하지 않을 때 이루어진다. 이성적으로 탁월한 능력을 갖춘 지배자 계급의 지휘 아래 생산자 계급은 공동체에 필요 물품을 생산해 공급하고, 군사 계급은 사회의 안전을 지키는 역할을 해야 한다. 이처럼 자신들의 본분을 지키며 수행하는 사회가 플라톤이 그리는 이상적이고 정의로운 사회다.

앉을 수 있어야 의자고
달릴 수 있어야 자동차다

아리스토텔레스 역시 삶의 운영에 있어 이성이 중심적 역할을 한다고 보았다. 그는 플라톤이 세운 당대의 최고 교육기관인 아카데미아에서 플라톤이 죽을 때까지 20년을 수학, 천문학, 철학, 수사학 등을 배우고 연구하며 지낸 명실상부한 플라톤의 제자다.

아리스토텔레스는 세계가 목적에 의해 움직인다고 이해했다. 의자는 앉기 위해 만들어진다. 그 사물이 의자인 이유는 사람을 앉히는 목적에 기여하기 때문이다. 사람을 앉히는 기능을 하지 못하는 물건은 예술품은 될지 몰라도 의자는 아니다. 사람이 만든 물건은 모두 목적과 기능이 핵심을 이룬다. 톱이 그렇고 자동차가 그렇다.

아리스토텔레스는 사람이 만든 물건뿐 아니라 생명체

들도 기능^{ergon}을 갖는다고 생각했다. 아리스토텔레스가 정립한 이 세계관은 후에 '목적론적 세계관'이라는 이름을 얻었다. 목적론적 세계관은 근세에 들어와 기계론적 세계관에 의해 도전을 받을 때까지 거의 2000년에 걸쳐 서양 지성사에 큰 영향력을 발휘한다.

목적론적 세계관에서 사물은 자신이 갖고 있는 기능을 수행할 때 가장 그것답다. 인간도 인간으로서의 기능을 다할 때 인간답다.[19] 아리스토텔레스는 이성을 발휘해야 인간 노릇을 할 수 있다고 주장한다. 생명의 세계는 식물, 동물, 인간으로 이어진다. 식물은 환경에서 영양을 섭취하고 성장하는 것을 목적으로 한다. 동물은 여기에 더해 주변을 지각하고 몸을 움직여 활동하며 활발히 번식하는 기능을 한다.

인간은 더 나아간다. 식물과 동물에 필요한 기능에 더해 진정 인간이기 위해서는 이성적이어야 한다. 순간순간 변화하는 감각의 세계에 매몰되지 않고 보편적 진리와 아름다움을 관조해야 한다. 또한 주어진 상황에서 가장 현명한 행동은 무엇인가를 분별하는 등 이성의 능력이 인간을 인간답게 한다. 아리스토텔레스의 세계관에는 소크라테스, 그리고 스승 플라톤으로 이어져 내려온 이성주의의 위력이 확연하게 자리한다.

아리스토텔레스는 "인간은 정치적 동물이다."라고 말한 것으로 유명하다. 이 말은 사람들과 어울려 자기 의사를 표현하고, 그 속에서 자기 이해를 도모하는 행위를 한다는 현대적 의미와는 거리가 있다. 여기서 '정치적'이라고 번역된 단어 'politikos(πολιτικός)'는 'polis(πόλις, 도시국가)에 속한다'는 의미다. 개인이 도시국가를 떠나서 존재할 수 없으며, 도시국가를 구성하는 애국심, 정직, 용맹, 우정, 공감 등의 덕목들을 갖추지 않고서는 인간다울 수 없음을 뜻하는 것이다.

굳은 길에서 피어난
위대한 이성의 한계

지금까지 고대 그리스 사회를 지배하는 두 가지 핵심적인 이념으로 유기체론적인 사회관과 이성주의를 살펴보았다. 플라톤과 아리스토텔레스의 사상에서 볼 수 있듯이 공동체 내에서의 신분이 개인의 삶과 도리를 결정한다는 것이 바로 유기체론적인 세계관이다. 이런 사회에서는 국가라는 공동체가 개인을 위해 존재하는 것이 아니라, 개인이 공동체를 위해 존재한다. 개인의 윤리를 결정하는 도리와 덕도 공동체의 화합과 안정에 기여하는지 여부에 달렸다.

그리스인들은 왜 언어적 논증을
중요시했을까?

고대 그리스 사회에서는 왜 유기체론적인 사회관이 필요했던 것일까? 이는 기나긴 진화의 과정에서 요청되었던 협력 체계의 산물로 볼 수 있다. 인류가 종을 보존하고 만물의 지배자로 커나가기 위해서는 개인의 자율보다는 주어진 역할을 수행해 공동체의 조화와 안정에 기여할 필요가 있었다. 그러다 보니 공동체를 하나의 유기체로 보고 그 공동체에 속한 개인들은 유기체 보존을 위한 존재로 보는 세계관이 나타난 것이다. 초기 문명 대부분에서 유기체론적인 세계관이 나타나는 것도 이런 역사적 과정의 결과로 설명될 수 있다.

고대 그리스를 대표하는 또 하나의 특성으로 이성의 출현을 보았다. 신기하게도 기원전 6세기 무렵 지구 도처에서 오늘 우리가 철학자라고 부르는 인물들이 동시에 출현했다. 유럽에서는 그리스 철학의 태두인 탈레스, 피타고라스 등이 나타났다. 중국에서는 공자가, 인도에서는 석가모니가 비슷한 시기에 태어났다. 대체 이 무렵 지구에 무슨 일이 일어났던 것일까?

이들은 모두 감각에 주어지는 가변적 세계 이면의 본질

적인 원리를 찾고자 노력했다. 일반적으로 중국이나 인도의 철학자들은 직관적 깨달음을 통해 치세의 원리와 내세적 진리를 추구하려 했다. 반면 그리스 철학자들은 '왜?'라는 질문을 던지고, 옳고 그름을 논증적으로 따져서 원리를 깨닫고자 했다.

우리는 앞서 언어적 논증에 주안점을 두어 따지는 능력이 오늘날 이성으로 번역되는 로고스의 핵심적 특성을 이룬다는 것을 살펴보았다. 다른 문명에서 이성주의적 특성이 전혀 없었다고 한다면 논란의 여지가 있다. 그럼에도 고대 그리스에서 논증과 수사를 통해 묻고 따지며 옳게 판단되는 것을 받아들이려 한 특성이 다른 문명에 비해 현저히 두드러졌다는 것은 부정하기 어렵다.

불평등이 지배하는 계급 사회, 아직 꽃을 피우지 못한 이성

이처럼 고대 그리스에서는 판단의 정당성을 묻고 보편적 원리를 찾아가는 이성이 출현했다. 하지만 아직은 모든 이들을 동일한 인격체로 존중하는 이념을 만들어내는 단계로까지 진전하지는 못했다. 고대 그리스 사회는 시민, 여자, 어린이, 노예, 합법적 외부인 등으로 이루어져 있는데, 전체 인구의 5분의 1에서 6분의 1에 불과한 남자 성인으로 이루어진 시민이 정치적·사회적 권한을 전적으로 소유하는 사회였다.

이 사회에서 이성은 시민의 전유물로 여겨졌으며 노예, 여성, 어린이 등은 이성이 없는 존재로 간주되었다. 불평등이 자연적이고 당연한 것으로 고착된 계급사회였기에 이성은 평등을 일깨우는 계몽적 역할에 도달하지 못한 상태였다. 잠재력 있는 인류의 자산으로 태어났지만 아직은 꽃을 피우지 못한 것이다.

그래서 당시의 의식 수준은 계급적 차별을 자연의 순리로 받아들이는 기성 관념을 넘어서지 못한 채 오히려 합리화하는 수준에 머물러 있었다. 이성이 모든 공동체 구성원을 동등한 인격체로 존중하는 수준까지 진전하기 위해서는 사회적 환경의 변화와 의식의 성장을 기다려야 했다.

CHAPTER 3 | 중세

내면세계라는 집을 짓는
기나긴 여정

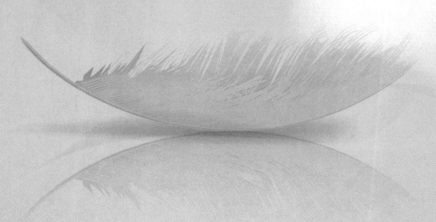

"평등의 정신이 확장되고
내면세계에 대한 관심이 점차 깊어질 때,
모든 사람이 자신의 삶을 자유롭게 기획하고
성취할 권리가 있다는 생각 또한 성장한다."

나약한
인간의 시대

고대에는 아직 개인이 존재하지 않았다. 물론 물리적 개체로서의 개인은 고대 그리스뿐 아니라 호모 사피엔스가 존재한 60만 년 전부터 존재했다. 그러나 우리가 관심을 갖는 개인은 개별적·물리적 존재로서의 개인이 아니라 독립적인 인격체로서의 개인이다. '나는 나다'라고 할 때의 그 개인 말이다.

개인의 사적 영역을 인정하지 않은 유기체적 세계관

누군가가 자기 삶의 방식을 나에게 주입하고자 할 때 '나는 나인데, 저 사람은 왜 내가 자신과 같기를 기대하는가' 하는 거부감이 생긴다. 청소년들과 진로 상담을 할 때도 마음 깊은 곳을 들여다보고, 진정으로 자기가 원하는 것이 무엇인가를 살펴볼 것을 권한다. 우리는 모두 자기만의 사적 영역을 갖고 있으며, 원하는 삶의 방식을 자유롭게 선택할 권리가 있다. 이런 권리를 제대로 행사하지 않는 사람은 주체성이 없어 보인다.

고대 그리스인들은 왜 이런 생각에까지 도달하지 못했을까? 그 이유는 사회를 유기체와 같은 것으로 보는 생각이 공고했기 때문이다. 유기체적 세계관은 인간들의 사회적 관계와 질서에 대한 것이기도 하지만 사람 마음속에 자리 잡고 있는 내면의 세계에 대해서도 중요한 함축을 갖는다. 개인의 내면세계에는 쾌락과 이익을 추구하는 감정의 영역이 있으며, 이 부분은 짐승으로서의 측면을 반영한다. 고대의 유기체적 세계관에서 이 영역은 존중받을 수 없었다. 당시는 사회를 위한 헌신이나 애국심 같은 것만이 가치를 인정받았고 개인적 욕망과 쾌락 같은 사적인 감정 추구는 사회의 평화와 안정에 장애가 되는 것으로 여겨졌기 때문이다. 나의 감정을 포함한 나의 사적 영역은 인간다움으로 가는 길에 장애가 되는 불온한 것이었다. 그러니 이성에 의해 통제되어야 할 것으로 간주되었다.

사적인 마음과 생각이 이런 취급을 받았으니 사적인 행위가 어떤 취급을 받았을지는 더 말할 것도 없었다. '나는 다른 이에게 피해를 주지 않는 한 내가 원하는 대로 나의 삶을 꾸릴 수 있다'는 생각은 고대의 관점에서는 과도한 사치이자 무도한 일이었다. 자율과 자유를 갖는 개인이란 고대 사회에서는 상상조차 할 수 없다.

귀족이라 해도 크게 다르지 않다. 물론 귀족, 시민, 남성이 노예나 여성에 비해 상대적으로 더 많은 자유를 누렸던 것은 사실이다. 그러나 그들 역시 어떻게 살아야 하는가 하는 문제에 있어서는 개인의 선택보다 사회가 요구하는 역할이 우선시되었다. 사회 지도층인 지도자나 군사를 선정할 때 당사자가 원하는가는 고려되지 않았다. 자신의 삶에 대한 선택과 자유가 없기는 모두 마찬가지였다.

유기체적 전체주의 사회는 계급적 차별을 자연스러운 것으로 받아들이는 경향이 있다. 이러한 경향은 각 개인을 모두 존엄한 존재로 여기는 세계관으로 가는 데 장애가 된다. 그리스의 신분 사회에서는 지도자가 되기 위해서는 시민으로 태어나야만 한다. 시민이 아닌 외국인이나 노예로 태어난 이들은 지도자는 고사하고 군인조차 될 수 없다. 이러한 사회에서는 자신을 발전시킬 수 있는 선택의 폭이 계급에 따라 달라진다.

이처럼 계급 사회에서는 특정 계층만이 존엄한 존재로 인정된다. 모든 개인을 존엄한 존재로 동등하게 인정하는, 오늘 우리가 생각하는 인간다움에 도달하려면 유기체적·전체주의적 세계관을 넘어서야 한다. 그뿐만 아니라 계급의 차별을 넘어서는 평등의 기반도 마련되어야 했다.

평등과 자율의 자산은 어떤 과정을 통해 만들어졌을까? 대부분의 가치 있는 자산이 그렇듯 긴 인고의 시간을 거쳐 씨앗이 뿌려지고 꽃을 피웠다. 평등과 내면세계의 씨앗은 그리스 문명이 확산되는 고대 후반과 중세에 걸쳐서 서서히 심어진다. 이 씨앗은 이후 근대에 들어와 개인이 형성되면서 오늘날의 인간다움에 대한 이념으로 성장해 꽃을 피운다.

이제 씨앗이 만들어지는 과정을 살펴보자.

전쟁은 인간의 이성을
위축시킨다

그리스 반도는 유럽과 아시아의 문명이 만나는 지점이었기에 여러 사상이 모이는 곳이었다. 문명이 만나는 지점은 다양한 사상들이 만나 정신적으로 풍요로운 환경을 제공하지만, 그에 상응하는 대가를 요구하게 마련이다. 문명과 군사력이 월등한 페르시아와 접해 있어 항상 침략의 위협에 시달렸고, 전쟁이 끊이지 않았다. 그리스는 외침의 위기를 도시국가들이 협력해 막아냈으며, 철학을 잉태하고 발전시켜 정신적 풍요를 누렸다.

그러다 기원전 5세기에 들어서며 이런 번영이 기로에 선다. 외부의 위협에 힘을 모아 협력하던 그리스가 내부적인 갈등을 겪기 시작한 것이다.

그리스 문화의 세례를 받은
헬레니즘 문명과 그레코-로만 문명

아테네를 중심으로 한 델로스 동맹과 스파르타를 중심으로 한 펠로폰네소스 동맹 사이에 전쟁이 시작되면서 그리스는 쇠락의 길로 들어선다. 플라톤과 아리스토텔레스는 그리스가 전성기를 지나 기울어가던 시기에 활동한 철학자들이다. 이들은 전쟁의 혼란을 겪으며 아테네가 평화롭고 안정적이던 페리클레스 시대를 그리워했다. 그리고 자신들만의 이상사회를 그려나갔다.

모든 사람이 주어진 위치에서 자신의 직분을 다해 공동체의 안정을 위해 역할을 수행하는 것, 그것이 이상적인 사회의 모습이다. 그런 사회를 위해 이바지하는 것이 개인의 의무이며 이런 의무를 다할 때 개인은 행복하다. 이런 공동체 중심주의적 생각은 페리클레스 시대에 대한 향수를 배경으로 발전했다.

30년 동안 이어진 전쟁은 승자인 스파르타와 패자인 아테네 모두에게 손실을 안겨주었다. 오랜 전쟁으로 양쪽 모두 국력을 잃었고, 결국 그리스는 지역의 주도권을 상실하고 만다. 마침 그리스 북동쪽에 위치한 마케도니아는 필립 2세가 체제를 정비하면서 국력이 신장한다. 제국 확장의 야망을 품은 아들 알렉산더가 왕위를 계승하면서 주변을 정복하고 제국을 건설하기에 이른다. 전쟁으로 국력을 소진한 그리스의 도시국가들은 속절없이 알렉산더에게 무릎을 꿇는다.

알렉산더 대왕이 유럽, 아시아, 북아프리카 지역까지 점령해 영토를 확장함으로써 유럽과 아시아를 처음으로 연결하는 글로벌 문명이 만들어진다. 지역 교류가 활발해지면서 페르시아에서 태어나 그리스에서 교육을 받고, 북아프리카에서 직장을 얻는 일이 가능해진 것이다. 이 문명은 그리스와 아시아의 문화가 결합한 독특한 색채를 갖는데, 이것이 헬레니즘^{hellenism} 문명이다.[20]

그 중심에 그리스 문명이 자리 잡고 있음은 단어에서부터 알 수 있다. 'hellas'는 '그리스'를 뜻하고 'hellenistic'은 '그리스적'이라는 뜻을 지닌다. 이는 '한국'과 '한류'의 차이와 비슷하다. 한국은 정해진 지리적 영역을 의미하지만, 한류는 지역에 제한되지 않고 한국적인 것을 수용하는 문화

일반을 가리키는 것과 같은 이치다.

용어에서 나타나는 것처럼 비록 군사적으로는 그리스가 마케도니아에 점령되었으나 그리스의 정신적 힘은 굴복하지 않았다. 따라서 그리스 정신은 마케도니아의 확산을 계기로 오히려 더 넓은 지역으로 영향력을 확대해나갔다.

알렉산더 대왕이 이끄는 마케도니아의 영화는 오래가지 못한다. 전장에서 대부분의 시간을 보낸 알렉산더는 36세의 젊은 나이에 최후를 맞는다. 그가 어떻게 사망했는지, 그 이유는 전사부터 독살에 이르기까지 의견이 분분하다. 그러나 끝없는 전투로 점철된 장수의 삶은 백척간두에 있어서 언제나 위험과 죽음이 함께했을 터였다. 그가 사망한 뒤 마케도니아 왕국은 대륙 대부분을 잃고 세력이 약화된다. 그러나 알렉산더의 정복으로 형성된 혼합된 문화인 헬레니즘은 이후 상당 기간 지속된다.

마케도니아가 쇠락할 무렵 로마는 힘을 축적해 영토를 확장해나간다. 사상과 문화를 꽃피운 그 당시 그리스에게 이웃에 있는 로마는 싸움 잘하는 부족 정도로 인식되었다. 이런 로마가 기원전 3세기 무렵부터 세력을 강화하며 영토를 확장해나가기 시작한 것이다. 영토를 확장하며 대제국을 건설한 로마는 유럽 대륙 전체를 체계적으로 지배하며 장기간에 걸쳐 통치한다.

마케도니아의 영향력은 주로 아시아쪽과 북아프리카에 제한되었고 단기간에 머문 반면, 로마는 유럽 대륙을 장기간 지배하며 상당한 영향을 미쳤다. 때문에 유럽의 역사를 고찰할 때 마케도니아의 위상과 로마의 위상은 비교가 되지 않는다. 그러나 그리스와의 관계에 있어서는 유사한 특징을 갖는다. 군사적으로는 지배하지만, 문화적으로 지배를 당한다는 점에서 말이다.

로마는 그리스를 속주로 편입하지만 그리스 문화와 사상에 압도되어 다른 속주들과 달리 그리스를 존경의 마음으로 대했다. 로마에서 귀족으로 행세깨나 하려면 라틴어만 잘하는 것으로는 부족했다. 그리스어도 할 줄 알아야 대우를 받았을 정도다.

로마가 유럽을 군사적으로 지배하면서 만들어진 문명을 로마 문명이라고 부르지 않고 그레코-로만 문명이라 부른다. 그리스는 이미 로마의 속주로 정치적·군사적 영향력이 없는 상황인데도 말이다. 그리스 문명의 영향력이 그만큼 강했음을 알 수 있는 대목이다.

당시 유럽 문명의 역사는 로마에 의해 정복되는 역사였고, 로마에 의해 정복되는 역사는 그리스 문명의 세례를 받는 과정이었다. 이런 점령의 과정에서 아직 그리스화되지 않은 유럽의 부족들, 예를 들어 켈트족, 골족, 게르만족과 같은 민족은 야만족^{barbarian}이라 불렸다. 'barbarian'이라는 단어는 그리스-로마 문명 밖에 있음을 의미한다.

인간의 자신감은 추락하고
이성은 지휘자의 자리에서 밀려나다

유럽이든 아시아든 고대 사회에서는 전쟁이 생활의 일부였다. 경계가 분명한 국가라는 조직이 있지 않았고, 많은 집단이 부족의 형태였기에 영토소유권을 둘러싼 싸움이 비일비재했다. 그러나 마케도니아 제국과 로마 제국의 정복으로 인한 전쟁은 차원이 달랐다. 이전 유럽에서 벌어졌던 부족 간의 전쟁이 소나기처럼 이어졌다면, 마케도니아와 로마가 제국 건설을 위해 벌인 전쟁은 대륙을 휩쓸아치는 폭풍과 같았다.

대륙을 휘젓는 전쟁으로 유럽 전체가 혼돈에 접어들면서 몇 가지 특징이 나타나기 시작한다.

첫 번째 특징은 초월에 대한 동경이다. 언제 어디서 전쟁이 일어나 나의 생명이 어찌 될지 모르는 상황에서 사람들은 초월적인 영원성에 관심을 갖게 된다. 현세의 불안한 삶에 대한 보상심리로 피안의 세계에서의 평안과 영생을 바라게 된 것이리라. 당시 동방으로 밀려나 있던 여러 가지 사상들, 예를 들어 조로아스터교와 같은 것들이 다시 등장한다. 이처럼 불안한 시대는 사상에도 영향을 미친다.

　두 번째 특징은 이성의 역할이 위축됐다는 점이다. 앞서 보았듯 그리스 전성기는 이성 전성시대였다. 신화적 세계관이 막을 내리면서 인간들은 자신의 지성에 의해 세계의 진리를 발견한다. 그리고 인간이 어떻게 살아야 하는지에 대한 장엄한 규범을 만들 수 있으리라는 자신감에 차 있었다. 이성이 지휘자가 되어 감정과 욕망을 통제함으로써 행복한 삶에 도달할 수 있으리라는 자신감이 충만했다. 그러나 전쟁과 혼란이 연속되고 한 치 앞을 내다보기 어려운 상황에 내몰리자 인간은 현실에서 도피해 피안의 세계를 동경하게 된다. 흔히 헬레니즘의 시대를 예술적으로 화려했던 시기라고 생각한다. 하지만 정신적으로는 위축되고 혼란스러웠으며, 인간의 자신감이 추락하던 시기다.

　혼란 상황 속에서 밀려오는 두려움과 불안함을 이성으로 통제해 승리할 수 있다는 자신감은 점차 소실된다. 이성은 이제 지휘자의 자리에서 위로자의 자리로 이동한다. 불안감은 점차 커지고 감정을 통제하기는 점점 어려워진다. 감정을 넘어서려 하지 않고 거기에 순응하며, 마음의 평화를 유지하는 방향으로 이성의 역할도 바뀐다. 이성은 세상과 나를 바꾸는 동력의 자리에서 내려와 외부의 영향으로 흔들리는 내 마음을 다스리는 소극적 위로자가 된다.

헬레니즘 시대를 이끈 두 줄기의 철학적 조류인 스토아학파와 에피쿠로스학파 모두 이런 공통적 특징을 갖는다. 스토아학파는 현실적인 욕망 너머에 있는 이상적 덕을 추구할 것을 권장했다. 반면 에피쿠로스학파는 고통과 쾌락을 넘어선 영속적인 쾌락^{ataraxia}를 추구할 것을 권장했다. 스토아든 에피쿠로스든 이 시대의 철학은 처세의 철학 또는 마음의 안정을 위한 치료자로서의 철학이 되어 그리스 철학 본래의 이성적 기개는 쇠퇴한 모습이었다.

혼란과 폭력의 세계에
등장한 위대한 신

　혼란의 시대가 지속되면서 변방의 한 종교에 불과했던
유대교가 재조명을 받는다. 유대인의 땅은 고대 문명의 발
상지인 메소포타미아와 가까웠다. 메소포타미아 지역에 아
시리아, 바빌론 등 막강한 힘을 가진 제국들이 세워지고 그
주변에 있던 이스라엘은 그들의 탄압을 받는다. 그 결과 이
스라엘에 살고 있던 유대인들은 여러 지역으로 이주해 살
아가는 역사를 갖게 된다.

　유대인 이주의 역사는 '디아스포라diaspora'라고 불린다.

오랜 시간에 걸친 디아스포라를 통해 유대교는 유럽인들에게 널리 알려져 있었다. 하지만 폭넓은 인지도에 비해 교세가 확장되지는 않았다. 유대교가 배타적인 민족종교였기 때문이다.

다른 많은 지역은 로마에 정복되면서 그 문화를 수용했지만 유대인들은 자신들의 정체성을 유지하며 로마 황제를 신으로 모실 것을 거부해왔다. 구원의 대상을 유대인에 제한하는 배타성 때문에 당시 유대인들은 로마에 의해 많은 탄압을 받고 있었다. 이처럼 오랫동안 특정 민족의 종교로 백안시되어오던 유대인들의 유일신 사상은 초월적인 힘을 통해 위안을 받으려는 사람들의 호기심과 조화를 이루어 새롭게 조명을 받는다. 유대교가 새삼 관심을 받은 것은 왜일까? 아마도 이성적으로 마음을 다스려 혼란 중에 평화를 얻기에는 환경이 너무 폭력적이었기 때문일 것이다.

유대교의 여호와는 그리스·로마의 신들과 달리 압도적이다. 그리스·로마의 신들은 로고스(법칙)를 지배하지 못한다. 물리계를 다루는 원리가 있고, 규범의 세계를 다스리는 원리가 있다. 고대 그리스에서는 이를 합쳐 로고스라 했는데, 그리스·로마의 신들은 이 원리를 넘어설 수 없는 존재였다. 자연계에 국한시켜 말하자면, 이 신들은 물리계의 자연법칙에 종속되는 존재들이다.[21]

유대교의 여호와는 다르다. 로고스(법칙) 위에 선다. 자연의 법칙을 만드는 존재이며, 필요하다면 그 법칙도 넘어설 수 있다. 그 어떤 제약도 받지 않는 초월적이고 전능한 존재다. 암흑 같은 혼돈 속에서 구원을 받고자 하는 마음이 간절할 때 사람들은 자연의 질서에 종속되는 신보다는 그것을 뛰어넘어 질서 자체에 영향력을 미칠 수 있는 신에게 의지하고 싶어진다. 이런 배경 아래 유대교가 새로이 주목받게 된 것이다.

그러나 유대교가 한 시대를 지배하는 종교로 발전하기에는 문제가 있었다. 이스라엘 민족만을 위한 종교라는 특성이 장애물이 된 것이다.

유대교에서 기독교로, 민족종교에서 보편종교로

여호와를 중심으로 하는 유대인들의 신앙이 위로를 원하는 당시의 유럽인들에게 문을 열게 되는 중심에는 예수가 있다. 예수는 유대교의 문화적 전통을 이루는 율법보다는 복음이 구원에 이르는 핵심임을 설파한다. 당시 사람들은 혼란한 시기에 자신들을 구원해줄 절대적인 힘을 갈구하고 있었다. 이들을 상대로 예수 그리스도는 여호와가 이스라엘인들만을 위한 구원자가 아니라 모든 인간을 위한 구원자임을 선포한다.

이 과정에서는 압도적인 지성과 카리스마를 지닌 사도 바울의 역할 또한 무시할 수 없다. 그는 로마에 잡혀 순교할 때까지 끊임없이 예수가 여호와의 아들임을, 그리고 민족과 신분에 관계없이 예수를 통해 구원받을 수 있음을 설파한다.

민족종교에서 보편종교로 전환되는 중요한 선언들은 신약성경의 도처에서 찾을 수 있다. 그중에서도 백미는 「갈라디아서」 3장 28절에 나타난 사도 바울의 선언이다. 그는 "너희는 유대인이나 헬라인이나 종이나 자유인이나 남자나 여자나 다 그리스도 예수 안에서 하나다."라고 가르친다. 이 선언은 민족종교의 옷을 벗겨 유대교에서 기독교로 발전시키는 중대한 의미를 갖는다. 그러나 거기에 의미가 국한되지 않는다. 이 선언은 유대인과 유대인이 아닌 사람들 사이의 민족적 차이에 도전할 뿐 아니라 계급의 차이에도 도전하기 때문이다.

고대 사회에서 사회를 주도적으로 이끌어가는 시민은 소수였다. 위에서 자유인이라고 부르는 이들이다. 노예나 여자는 시민과는 근본적으로 다른 사회적 지위를 갖고 있었다. 이제 기독교는 이스라엘인과 다른 지역 사람들 사이의 차이를 부정함으로써 유대인들의 반발을 사게 된다. 그뿐 아니라 기존의 계급을 부정함으로써 기득권의 경계 대상이 된다.

유대교는 로마의 왕을 섬기지 않고 여호와에 복종함으로써 로마의 분노를 샀는데, 이제 기독교는 거기에 더해 기존의 계급제도까지 부정함으로써 더욱 불온한 세력으로 여겨진다. 결국 예수와 그를 섬기는 기독교는 유대교의 적이 되고, 로마의 탄압 대상이 된다.

기독교에 의해 뿌려진
존엄과 평등의 씨앗

혁명적 사상이 현실에서 구현되기까지는 오랜 시간이 걸린다. 기독교가 로마 제국에 의해 공식적으로 승인 및 장려된 시점을 밀라노칙령이 공포된 기원후 313년으로 본다면, 예수 그리스도와 기독교가 유럽의 중요한 세계관으로 자리 잡기까지 300년이 걸린 셈이다. 기독교가 확장되고 유럽 전체의 지배적인 이념으로 자리를 잡은 후에도 그 핵심을 이룬 평등주의 사상이 널리 수용되기까지는 또다시

1000년의 세월을 기다려야 했다. 교회 내에서는 교황을 중심으로 한 계급적 제도가 중심을 잡았다. 세속 사회에도 여전히 왕, 귀족, 평민, 노예로 이어지는 계급적 질서가 주를 이루었다.

성과 속의 계급 사회는 서로 주도권을 잡기 위해 다투었다. 기독교가 제시한 평등은 현실세계가 아닌 여호와의 세계, 다시 말해 피안의 세계에서나 얻을 수 있는 이상으로 통용된 셈이다. 고대 사회에 길들여진 계급적 사고는 당시 사람들의 의식에 깊이 자리 잡은 상태였다. 그런 상황에서 기독교에 의해 심어진 평등의식이 현실세계에서 실현되려면 사회 환경이 변화될 필요가 있었다. 또 평등한 개인의 존엄에 대한 의식이 더욱 숙성되어야 했다.

그러나 의식이 숙성되려면 씨앗이 필요하고, 이 씨앗이 기독교에 의해 뿌려졌음을 부정할 수 없다. 신 앞에서 모든 개인이 평등하고 존엄하다는 의식이 씨앗으로 뿌려지고, 이 씨앗이 인고의 과정을 거쳐 비로소 숙성된다.

차가운 이성 VS 뜨거운 의지, 아우구스티누스의 시대정신

그리스 철학은 기본적으로 이성 중심주의다. 내면의 욕망과 이성이 충돌할 때, 그리스 철학은 항상 이성의 손을 들어주었다. 오늘날에는 식욕, 성욕 등도 이성과 마찬가지로 정신에 속하는 것으로 본다. 하지만 그리스 철학자들은 본능적 욕망을 육체에 속하는 것으로 보았고 이성은 영혼에 속하는 것으로 보면서 양자를 선악으로 구분했다.

육체는 악한 것이므로 그에 속하는 본능적 욕망은 인간의 삶을 그르쳐 불행하게 만드는 것으로 여겨졌다. 반대로 영혼에 속하는 이성은 선한 것이므로 이성이 주도권을 잡고 욕망을 통제할 수 있을 때 인간이 행복해질 수 있다고 생각했다. 다시 말해 육체는 영혼의 감옥으로 여겨진 셈이다. 그러다 보니 그리스 철학자들은 이성을 통해 세상의 그림을 그리고, 이성을 양육하는 것에 관심을 집중했다.

혼란의 시대를 겪으며 사람들의 성향은 변화하기 시작한다. 압도적으로 혼란스러운 환경에 노출되면서 환란을 극복하기보다는 환란 상황을 어쩔 수 없는 것으로 받아들인다. 그리고 그 상황 속에서 어떻게 해야 번민하지 않고 마음의 안정을 찾을 수 있는가에 관심을 기울인다. 따라서 그리스 철학에서는 관심의 대상이 아니었던 인간의 내면세계, 즉 감정의 영역이 중요한 관심사로 부각된다.

로마의 대표적 철학 조류인 스콜라학파와 에피쿠로스학파 모두 혼란기에 마음을 다스려 평화를 찾는 데 관심을 갖는다는 것을 앞서 살펴보았다. 이제 고대 로마 철학자 플로티노스Plotinos, 205-270를 보자. 그는 자신이 플라톤을 계승한다고 생각했으며, 그의 사상은 플라톤의 향기를 물씬 풍긴다. 그러나 고대 그리스의 철학자들과는 달리 그는 내면세계에 대한 성찰을 본격적으로 시도하며 내부의 갈등에 주의를 기울인다.

플로티노스는 인간 안에는 야수와 영혼이 동시에 존재

한다고 이야기한다. 즐거워하거나 괴로워하는 본능의 소유자로서의 나를 '야수'라 했고, 그것을 객관적으로 관조하는 나를 '영혼'이라 했다. 그는 행복하기 위해서는 의지를 통해 내 안의 야수와 영혼을 분리하고, 이성적·관조적 삶을 통해 영혼을 정화할 것을 권장했다. 육체적인 욕구와 번민에서 영혼을 정화시켜 초월적인 영역으로 이탈하는 것을 철학의 목표로 삼은 것이다.

내면세계에 대한 관심은 아우구스티누스^{Aurelius Augustinus, 354-430}에서도 찾아볼 수 있다. 아우구스티누스는 기원전 6세기부터 거의 1000년에 이르도록 문명사에 새로운 이정표를 마련한 그리스 이성주의에 도전해 새로운 시대정신을 담아낸다. 그는 차가운 이성과 구분되는 뜨거운 정신의 영역, 즉 '의지'를 삶을 이해하는 새로운 지평으로 제시한다.

아우구스티누스에 따르면 우리의 삶은 다양한 욕망과 이성 사이의 갈등으로 이루어져 있다. 본능으로 향하는 육체적 의지와 이성의 가르침을 따르는 영적 의지 사이의 갈등으로 우리는 끊임없는 내적 전쟁을 치른다. 이때 이성적 깨달음만으로는 이 전쟁에서 이길 수 없다. 승리하기 위해서는 절대자의 은총에 의지해야 한다. 이 주장은 올바른 삶을 찾아나가는 과정에서 우리 마음속에 일어나는 변화를 면밀하게 살펴본다는 점에서 흥미롭다.

암흑기 속에서
기독교의 잠재력이 커지다

흔히 중세 초기라고 불리는 기원후 4세기부터 10세기
까지 유럽은 온갖 전쟁으로 고통스럽고 가난한 혼란의 시
기를 보낸다. 흔히 암흑기라고 불리는 기간이다. 아우구스
투스 사후, 로마의 통제에서 벗어나 있던 게르만족이 유럽
을 휩쓸며 로마까지 침공한다. 중앙아시아에서 활약하던
유목민족인 훈족이 4세기 중엽 서쪽으로 이동해 유럽을 침
입하자 그들에게 밀린 게르만족이 대이동을 하면서 로마를
침공하게 된 것이다. 이로써 전쟁과 기아, 빈곤에 휩싸인
혼란기가 시작된다.

서로마 제국이 게르만족에 의해 멸망하면서 유럽 문명
의 중심은 지중해 연안에서 유럽 내륙으로 이동한다. 그 결
과 오늘날의 프랑스와 독일 지역에 걸쳐 있는 프랑크 왕국
이 중요한 지위를 차지한다. 9세기에는 프랑크 왕국의 카
롤루스 대제가 유럽의 상당 지역을 장악하고 문화를 진흥
한다. 또한 수도원을 중심으로 한 교육 기관들을 육성하면
서 안정되고 문화가 발전하는 시기를 맞는다.

어떤 이들은 이 시기를 '카롤루스 르네상스'라고 부르
기도 한다. 그러나 당시의 유럽 지역은 왕을 중심으로 하는

왕국과 제후가 지배하는 공국들로 구성되어 있었고, 왕국과 공국은 나름의 전통적인 풍속을 통해 관리되고 있었다. 유럽 전체를 아우르는 통일성이나 정체성은 마련되지 않은 상태였다. 그런 의미에서 아직 유럽이 존재하지 않았다고 할 수 있다.

이런 혼란의 시기에 글로벌 종교가 된 기독교는 유럽 전역으로 영향력을 확대하면서 유럽 전체를 아우르는 이념으로 성장할 잠재력을 키우기 시작한다. 종교로서의 기독교가 성장하는 한편 제도로서의 교회도 성장해간다. 여러 지역에 설립된 교회는 소속 지역의 세속 권력과 협력하기도 하고 갈등을 겪기도 하면서 지속적으로 성장해간다.

세속의 세계는 각 지역의 풍속과 전통에 따라 나뉘어졌다. 반면 영적인 세계는 기독교의 가르침과 그를 대변하는 교황 이하의 체계에 의해 통일성을 갖추는 모습으로 전개된다.

평등과 내면세계의 확장,
존엄한 인간을 위한 전환기

10세기에 들어오면서 중세는 중요한 변화를 맞는다. 기독교에 의해 싹이 심어졌던 평등사상이 성숙하기 시작하고, 동시에 개인들의 내면세계에 대한 관심도 점차 확대된 것이다.

한 사람의 내면세계는 그 사람의 사적인 영역이다. 개인의 사적인 영역이란 다른 사람이 간섭할 수 없으며, 자신이 원하는 대로 생각하고 행동할 수 있는 내밀한 영역을 일컫는다. 이 영역은 전적으로 그 개인에게 속한 소우주^{micro-}

cosmos다. 여기서 개인은 자신의 꿈을 꾸고 미래를 구상할 수 있다. 이 영역에 눈을 뜨는 것은 개인이 단지 공동체의 부품이 아니라 독자적인 자율성을 가진 존재임을 인식하게 되는 중요한 계기가 된다.

평등사상 역시 존엄한 개인이 만들어지는 데 있어 중요한 조건이다. 계급과 신분에 따른 자연적 불평등이 존재하고 그것이 당연한 것으로 받아들여지는 상황에서는 존엄한 개인은 존재하기 어렵다. 왜냐하면 기성의 사회구조상 유리한 상황에 놓인 사람을 위해 다른 계급에 속한 사람의 기본권이 훼손될 가능성이 항상 열려 있기 때문이다.

중세 후반, 비로소 성장하는
평등의 정신

중세를 거치며 평등의 정신은 확장되고, 내면세계에 대한 관심은 점차 깊어진다. 모든 사람이 자신의 삶을 자유롭게 기획하고 성취할 권리가 있다는 생각, 그리고 이러한 권리에 한해서는 차별이 있을 수 없다는 생각이 성장해간다. 이런 생각들이 성장하며 공고해지는 과정이 바로 개인이 형성되는 과정이다. 그리고 개인에 대한 이런 생각이 오늘 우리가 갖고 있는 인간다움에 대한 생각, 즉 다른 이들도 나처럼 자율적으로 삶을 꾸려나갈 권리가 있으며 존중받아야 한다는 생각을 형성하게 된다.

평등의식이 어떻게 성장했는지 그 과정부터 알아보자. 10세기에 이르기까지 기독교는 유럽의 더 많은 지역을 영향권에 넣으며 교세를 확대해갔다. 그에 따라 각 지역에 교회가 생겨났으며 제도적으로도 그 영향력을 확산시켰다. 그러나 제도화된 기독교는 기존의 세속 권력에 편입되면서 기독교 본래의 규범과 윤리는 점차 사라진다. 교회는 세속 권력의 부속물 정도로 여겨지고, 교황은 로마 귀족들의 노리개로 전락하는 위기 상황에 처한다.

세속 권력과 결탁하며 성직매매가 이루어졌고, 성직자들은 결혼하는 것은 물론이고 정부까지 거느렸다. 교회의 행정권을 가진 사제들이 결혼하고 자식을 낳다 보니, 교회 재산을 사유화하고 자식들에게 상속하는 등의 세속화가 진행되었다. 더 나아가 교회의 재산이 왕과 귀족 등의 세속 권력이 재산을 모으기 위한 편법으로 이용되기도 했다. 이 과정에서 사제들의 임명권도 각 지역의 제후들에 의해 행사되었다.

10세기에 들어서면서 기독교 내부에서 수도원을 중심으로 스스로를 정화하는 운동이 시작된다. 기독교 정신에 충실하고자 했던 기독교인들은 이러한 교회의 부족화와 세속화를 여호와 아래 보편적 사랑의 이념을 앞세운 기독교의 근본에 대한 위협으로 인식했다.

910년에 아키텐의 제후 기욤이 사재를 들여 클뤼니 수도원을 설립하면서 중대한 전환이 일어난다. 연이어 존경받을 만한 인물들이 수도원의 책임자로 임명되어 교회의 타락상에 대한 회개와 자성을 부르짖으면서 유럽 전역에 파장을 일으킨다. 도처에 유사한 수도원들이 생겨났으며, 유럽 수도원 전체가 당시 기독교의 핵심 정신이었던 베네딕토 교단의 규율을 철저히 지킬 것을 요구했다. 청렴 운동이 사회 전체로 퍼진다. 이런 사회적 분위기에서 교황 그레고리우스 7세는 단호하고도 혁명적인 조치를 취한다.

그레고리우스 7세는 수도원 정화 운동을 계승해 성직매매를 금지하고 사제 서품권을 교회에 귀속시킴으로써 교회에 대한 세속적 권력의 개입을 차단한다. 사제의 결혼을 금지함으로써 교회를 정화한다. 교회가 교황의 강력한 권한을 중심으로 통일적 모습을 갖추면서 교회 전체를 관장하는 교회법이 갖추어진다. 교회법학자들은 로마법을 참고해 교회법을 만드는데, 그 정신은 성경에 나타난 평등의식을 근거로 삼는다. 기독교 초기에 씨앗으로 뿌려진 평등의식이 교회법이라는 형식을 통해 제도화되기 시작한 것이다.

교회법이 자리를 잡는 11, 12세기에는 교황권이 강화되고 확립되면서 유럽 전역에 걸쳐 기독교가 교회법 아래에서 통일성을 갖춘다. 강화된 권력으로 인해 교회법에 의한 판결은 관습과 전통에 의해 법적 판결을 받은 이들이 억울함에 처할 때 이를 호소할 수 있는 상급 심판으로서의 의미를 갖게 된다.

교회의 판결은 최종심으로서의 역할을 함으로써 여러 하급 지역들에 대한 통일적 규범을 제공한다. 그리고 이 규범의 중심에 기독교의 평등사상이 자리를 잡는다. 말하자면 평등의식이 담긴 교회법을 중심으로 전체 유럽을 통일하는 이념이 마련되기 시작한 것이다. 각 지역의 맹주들이 명문화되고 세련된 교회법을 흉내 내어 자체 법령을 만들기 시작하면서, 교회법을 중심으로 전체 유럽의 이념이 통일적으로 만들어지는 과정은 더욱 가속화된다.

세계관과 시대의 변화,
서사에서 로망스로

초기 기독교에 심어진 평등사상이 중세 교회법의 제도화를 통해 확산되었다면, 내면세계에 대한 의식은 구원에 대한 생각의 변화로 확산된다. 12세기 프랑스에서는 아서왕의 기사들에 대한 이야기가 대유행을 하면서 문학의 경향에 큰 변화를 가져온다. 그때까지만 하더라도 문학은 영웅 중심의 대서사가 주를 이루었다.

그러다가 기사들의 개인적인 행적과 그들의 사랑 이야기가 많은 관심의 대상이 되며 문학의 조류가 바뀐다. 공동체적인 정신보다는 개인의 열정과 정서, 그리고 그의 사적인 생활과 개인적 인연 등이 중요한 부분으로 나타난다. 서사에서 로망스로 변화한 것이다. 문학에 나타난 변화는 단지 문학에서의 장르 교체라는 좁은 의미를 넘어서서 사람들의 세계관, 시대의 변화를 시사한다.[22]

서사에서 로망스로의 이행은 종교에서도 나타난다. 수도원을 중심으로 정화 운동이 진행되면서 예수에 대한 생각이 바뀌고 아울러 구원에 대한 생각도 중요한 변화를 맞는다. 이전에는 구원을 위해 개인의 노력이 그다지 중요하지 않은 것으로 간주되었다. 여호와가 사탄과 대적해 굴복시키는 대서사가 구원의 주를 이루고, 개인은 여호와를 받아들이는 신앙을 가짐으로써 구원을 얻는 것이 핵심으로 받아들여졌다. 이런 이유로 여호와의 아들 예수는 만왕의 왕으로서 인식되었다. 사탄과의 싸움에서 인간들의 죄를 대속하는 역사적 과업을 통해 인간을 구원으로 인도하는 전사로 인식된 것이다.

그러나 개인의 내면세계에 대한 관심이 커지는 시대로 접어들며, 구원에 대한 기독교의 생각도 변화한다. 구원은 예수의 고난에 개인이 동참해 예수를 닮아가는 개인의 노력을 동반한 성화 과정의 산물로 인식된다. 개인의 구원 스토리는 여호와가 사탄과 싸워 이기는 내용의 거대한 서사시라기보다는 예수를 마음에 새기고 내적으로 변화해가는 개인적 연애시와 같은 성격을 갖는다.

이러한 변화는 초기 기독교 수도원인 베네딕트 수도회의 계율과 11세기 안셀무스가 제시한 종교적 계율을 비교하면 잘 나타난다. 6세기에 설립되어 전통을 대변하는 베네딕트 수도회는 청빈과 동정童貞, 복종을 맹세하고 수행과 노동에 종사했다. 이 수도회의 창시자인 베네딕트는 이곳에서 수도원 공동체의 가치와 규범을 담은 『베네딕토 규칙 Regula Benedicti』을 저술했는데, 이 규율은 중세 수도승들의 행위 규칙의 전범이 된다.

그 내용은 "예수와 내 이웃을 사랑하라.", "기도하라.", "안정감을 취하라.", "주변 사람들과 계속 대화함으로써 지나치게 혼자 있는 시간을 갖지 않도록 하라.", "순종하라.", "규율을 지켜라.", "겸손해라.", "물건을 아껴 써라.", "관대하라.", "동료의식을 가져라.", "정의와 평화를 존중하라." 등이다. 초기의 기독교에서 지켜야 할 수도자의 규율이 나열되어 있으며, 이들은 특별한 순서와 계열을 이루지 않는다. 그리고 보다시피 내면적인 변화보다는 행위와 관련된 규칙들이 중심을 이루고 있다.

11세기 철학자이자 신학자인 성 안셀무스는 구원에 이르는 길을 종교적인 행위에서 찾지 않고, 내적인 성찰의 과정에서 찾는다. 그는 수도원의 공동의 삶과 규율에서부터 떨어져 나와 개인적 고독의 시간을 갖는 것을 중시했다. 고독은 내적인 성찰로 이끄는 통로다. 그는 구원을 위한 7단계를 제시하는데 자기 지식, 비탄, 고백, 죄의 수용, 심판에 순응, 벌의 고통, 벌의 사랑이 그것이다.

이 7단계는 행위가 아닌 내적인 성찰을 내용으로 하고 있을 뿐 아니라, 자신의 모습을 바라본 후에 죄를 인정하고 벌을 받아들이는 과정으로 구성된 진행의 형식을 갖고 있다. 내적 성찰의 과정을 통해 한 단계 한 단계 진전하라는 이야기다. 클레보의 대주교인 성 베르나르두스 역시 내적인 성장을 강조한다. 그는 자기 지식을 통해 육체에 대한 지식에, 다음으로 자기 멸시를 통해 영혼에 대한 진리에, 그리고 진리의 통찰을 통해 신에 대한 지식에 도달할 수 있다고 이야기한다.[23]

베르나르두스는 당시에는 큰 영향력을 갖지 못했던 시

토^{citeaux}회에 친구들과 함께 참여해 그 영향력을 확대시켰으며 이후 유럽 도처에 시토 수도원이 설립된다. 이를 통해 유럽 내에서는 기독교의 정신에 새롭게 눈을 뜨게 되었고, 유럽 전체를 휩쓰는 기독교 운동이 전개된다. 베르나르두스의 신앙관이 영향력을 확대해 신앙과 관련된 태도에 일대 변화가 전개된다. 내적 성장을 중시하게 된 것이다. 이런 새로운 의식은 사제들뿐 아니라 일상인에게로 확대되어 갔다. 시토회의 수도원들에서는 내적 성장을 기록하는 성찰집 서술이 확산되고 내면세계에 대한 관심은 확대일로를 걷는다.[24]

이 무렵 십자가 예수상도 변화한다. 예수가 사탄과의 전투에서 인간을 구원에 이르게 하는 왕자 같은 존재로 인식되던 시기에는 십자가 위의 예수는 왕관을 쓰고 눈을 부릅뜬 왕이나 투사처럼 묘사되었다. 그러나 내적 성찰이 확대되는 시기에 비로소 우리가 오늘날 접하는 십자가 예수상이 나타나기 시작한다. 내적 성찰을 통해 예수의 고난에 동참해 새로운 사람으로 거듭날 것이 강조되면서 개인의 부족함과 죄 때문에 벌을 받은 예수의 모습이 부각되기 시작한 것이다.

이 무렵에 중요하게 봐야 할 또 다른 인물은 성 프란체스코다. 안셀무스와 베르나르두스가 수도회 내에서 주장한

성화의 과정을 대중화시킨 인물이 바로 프란체스코다. 프란체스코 교단의 중요한 가르침은 청빈한 모습으로 선교에 헌신하는 것이다. 프란체스코는 누더기를 걸치고 고통받는 사람들을 구제했으며 그들의 고난에 동참하는 헌신적인 삶을 살았다. 〈마태복음〉 10장 10절의 "너의 전대에 금이나 은이나 동이나 가지지 말며"라는 구절을 실천하며 이를 대중의 삶에도 전파했다. 그럼으로써 안셀무스와 베르나르두스가 이야기한 자기성찰을 통한 성화의 과정을 대중화시키는 역할을 한다.

CHAPTER 4 | 근대

개인의 탄생,
온전하고 자유로운
삶의 발견

"개인의 이상과 꿈이 존중받고
원하는 방식으로 삶을 영위할 권리가 함께할 때
인간의 존엄과 진정한 행복이 있다."

세상의 중심에서
'나'를 외치다

　　고대에 이성이 잉태되었지만, 그 이성은 유기체론적인 세계관에 묻혀 개인의 평등한 자유와 인권을 옹호하는 수준에는 이르지 못했다. 그렇게 고대에 태어난 이성은 중세에도 존중을 받았다. 고대 말 중세 초기의 성 아우구스티누스부터 중세 후반의 안셀무스에 이르기까지 종교적 교리를 논리적으로 검증하고 정당화하려는 시도는 멈추지 않았다. 그러나 이런 시도들은 기존의 세계관과 계급 질서를 옹호하는 역할을 했으며, 개인의 보편적 존엄을 옹호하는 데까지 나아가지 못했다.

평등과 내면세계에 대한 의식도 비슷하다. 중세를 지배한 기독교는 사람들에게 평등의 메시지를 던졌다. 물론 평등과 사랑의 메시지가 사회 안에서 현실적으로 구현되지는 않았다. 하지만 평등의 메시지가 현실을 자극하며 이념과 현실 사이에 지속적인 긴장을 촉발한 것만은 분명하다. 아울러 중세 후반에 들어서면서 사람들은 점차 개인의 내면세계를 새로운 시선으로 바라보기 시작한다. 나의 사적인 영역, 내가 주인이 되어 이끌어가야 할 영역에 대한 깨달음이 새로 싹튼 것이다. 그러나 아직 이런 의식들이 현실 속에서 구현될 정도로 성장하지는 못 했다.

1000년에 걸쳐 씨앗이 심어지고 싹텄던 평등의식과 내면세계는 근대에 들어오며 폭발적으로 성장한다. 내 삶의 주인은 나이며, 나의 사적인 영역에는 다른 사람들이 개입할 수 없다는 의식이다. 나에게 자유가 허락되는 사적이고 내밀한 영역에서 나는 나임을 확인하고, 이 영역에서 모든 사람은 평등하다는 생각이 널리 퍼진다. 오늘날 우리가 자유와 평등이라고 부르는 이념이 근대에 들어오며 폭발적으로 발전한 것이다.

이제 이성은 과거의 권위주의적이고 유기체적인 세계관에 저항하며 개인의 자유와 자율을 기반으로 하는 새로운 세계의 모습을 그려나간다. 비로소 자유로운 개인이 탄생한다. 어떤 요인들이 작동해 근대에 개인이 꽃을 피우게 되었을까? 또 어떤 사회적 환경이 이런 시대적 변화에 동력을 주었을까? 이 질문에 대한 답을 찾아나가 보자.

자기다운 삶을 향한
르네상스인의 도전

많은 사람이 근대의 시작을 생각할 때 르네상스^{renai-}
^{ssance}를 떠올린다. 르네상스는 프랑스어로 재생, 소생, 거듭
남을 의미한다. 이탈리아의 화가, 건축가, 역사학자였던 조
르조 바사리^{Giorgio Vasari, 1511-1574}가 이 표현을 처음 사용한 것
으로 알려져 있다. 프랑스의 역사학자 쥘 미슐레^{Jules Michelet,}
¹⁷⁹⁸⁻¹⁸⁷⁴는 르네상스를 중세와 극단적으로 단절하며, 인간에
대한 근대적 이해가 새로이 탄생하는 시기로 정의했다.[25]
스위스의 야코프 부르크하르트^{Jacob Burckhardt, 1818-1897}는 미슐

레가 정의한 개념을 확산한다. 그는 오늘날 근대를 생각하면 르네상스를 떠올리게끔 대중화하는 데에 가장 큰 역할을 한 사람이기도 하다.[26]

이들에 의해 근대의 신호탄이 된 르네상스는 정신적 혁명의 시기로 인식되었다. 그리고 중세라는 1000년의 긴 잠에서 깨어나 '비로소 세계와 인간이 발견되는' 계기로 여겨졌다. 암흑에서 빛으로, 종교와 미신에서 이성과 과학으로, 체제에 종속된 인간에서 자유로운 개인으로 전환되는 신호탄을 르네상스가 쏘아 올린 것이다.

암흑에서 빛으로
체제에 종속된 인간에서 자유로운 개인으로

중세의 지루한 스콜라 학문에 진력난 사람들이 고대 그리스와 로마의 고전과 예술에 새롭게 관심을 가지면서 고대의 인문학이 되살아난다. 르네상스가 인간과 삶을 다시 생각하는 데 기여한 것은 사실이다. 그러나 역사의 전개에 대한 극적인 견해는 조심할 필요가 있다. 다른 경우에도 마찬가지지만 특히 역사의 경우에는 이전에 싹이 없던 사회현상이 어떤 시점에서 느닷없이 폭발적으로 나타날 수는 없다.

한 시대에 그리스와 로마의 고전을 읽고 예술을 다시 배운다고 해서 개인의 자유, 권리, 존엄에 대한 의식이 기적처럼 불쑥 생겨날 수 있을까? 우리는 앞 장에서 중세 11, 12세기부터 평등과 내면세계에 대한 의식이 성장해왔음을 살펴보았다. 이런 의식의 성장이 없었다면 과연 르네상스가 인간의 존엄을 새롭게 깨우치고, 그것을 중시하는 방향으로 나아갈 수 있었을지 의문이다. 따라서 중세부터 싹터 온 의식들이 근대를 맞아 꽃을 피운 것으로 봐야 옳다. 오늘날 대부분의 역사학자도 르네상스에 대한 부르크하르트의 과장된 견해에 동의하지 않는다.

근대를 여는 과정에 르네상스가 한 역할을 과대평가해서는 곤란하지만 그렇다고 과소평가해서도 안 된다. 씨앗 없이는 꽃이 필 수 없지만, 모든 씨앗이 꽃을 피우는 것은 아니다. 꽃을 피우려면 적절한 환경 속에서 필요한 양분을 공급받아야 한다. 중세에 뿌려진 개인의 씨앗이 근대에 들어와 건강한 싹을 틔우고 화려한 꽃을 피울 수 있었던 것은 르네상스 시대에 적절한 환경과 양분이 공급되었기 때문이다.

이탈리아에서 르네상스가 시작될 수 있었던 데는 지리적, 사회경제적 배경이 중요한 역할을 했다. 유럽은 10세기에 들어오면서 혼란스러웠던 과거에서 벗어나 서서히 안정을 되찾기 시작한다. 물리적 갈등이 잦아들고 부가 축적되면서 풍요를 위한 미래의 터전이 마련된 것이다. 농업이 발전해 식량문제가 해결되면서 인구가 증가하고, 사람들은 먹거리를 찾아 교역이 활발한 도시로 이주한다. 사람들이 많이 모여든 도시에서는 자연히 산업과 상업이 발전하고 생산성이 증가한다. 특히 유럽과 아시아 사이의 교역 확대는 이탈리아에 절호의 기회가 된다. 지리적 특성상 이탈리아는 동방의 물물이 유럽으로 들어오는 입구에 위치해 있어 다른 지역에 비해 상업이 더욱 발전했고 부가 축적될 수 있었다.

물질적으로 풍요해지면서 중소 상공업자들이 힘을 갖게 된다. 이들은 기존의 권위주의 시대에 귀족과 종교 지도자들이 독점하던 가치관의 통제에서 풀려나 분방함을 즐기기 시작한다.

종교적 서사와 종교적 성찰이 주를 이루던 문학 영역에도 변화가 일며 연애 소설이 쏟아져 나온다. 미술과 음악을 통해 자신의 감정을 표현하는 일도 점차 확대된다. 시와 소설 등 문학을 비롯해 회화, 조각 등 다양한 예술이 대중들의 마음을 사로잡으며 삶에 밀착해 파고든다. '르네상스'는 문자 그대로는 '부흥'을 의미하는데 우리에게는 '문예'

가 붙어 '문예부흥'으로 번역되어 알려졌다. 아마도 르네상스 시기에 문학과 예술이 전례 없이 확대된 것에 주목한 결과로 보인다.

미켈란젤로의 〈피에타〉는 왜
성모 마리아의 고통에 집중했을까?

르네상스 시기에 예술이 발달하면서 인간의 감정과 정서에 대한 관심은 날로 커진다. 과거의 성화들은 주로 구원과 관련된 장엄한 서사를 묘사했으나 르네상스가 성숙하면서 인간의 내면세계에 대한 묘사가 나타나기 시작한다. 미켈란젤로는 〈피에타〉에서 아들을 잃은 성모의 고통스러운 모습을 조각한다.[27] 이처럼 내면세계로 관심의 눈을 돌리며 예술과 문학은 꽃을 피울 수 있었다.

기존의 공동체적 규범의 틀 안에서 권선징악의 교훈을 그려내던 예술은 이전에 접하지 못했던 내면세계라는 광대한 영역을 만나면서 자신을 맘껏 표현할 수 있게 된다. 그리고 내면세계를 표현하는 예술이 확대되면서 내면세계에 더 깊은 관심을 갖고 더 잘 이해할 수 있도록 양쪽이 영향을 주고받으며 상승작용을 일으킨 것으로 보인다.

르네상스 시대에 예술이 발전하면서 특징적인 인물과 대가들이 출현한다. 단테는 수많은 연애시로 사람들의 심금을 울렸고, 보카치오는 『데카메론』에서 등장인물들의 본능적 감정과 행위를 적나라하게 묘사해 독자들을 흥분시켰다. 이탈리아에서 시작한 르네상스 운동은 유럽 전체로 확대되면서 예술에 대한 대중의 관심을 불러일으킴과 동시에 예술가들의 지위도 변화시킨다. 귀족의 부탁을 받아 초상화를 그려주는 화공에 불과했던 화가들이 감정이라는 새로운 영역을 표현해내는 예술가로 존중받기 시작한다.[28]

내적인 감정을 자유롭게 표현하게 되었다는 것은 단지 예술을 발전시켰다는 의미 이상이다. 욕망과 정서가 머무는 내부에 대해 자유롭게 쓰고, 묘사하고, 이야기하면서 자아에 대한 새로운 의식이 싹트기 시작했다는 뜻이다. 내 정신의 영역은 다른 사람들이 범접할 수 없는, 나만이 접근할 수 있는 영역으로 나의 정체성을 이루는 중요한 영역임을 인식하게 된 것이다.

그곳에서 개인은 타인의 간섭에서 자유로우며 자신만의 꿈을 꿀 수 있다. 개인 내에서 자리를 잡기 시작한 자율성은 이제 느낌에 머물지 않고 생각의 영역, 지성의 영역으로 확대된다. 무엇이 옳고 그른지, 어떻게 사는 게 옳은 삶인지의 문제가 기성 관념에 좌우되지 않고, 나의 개인적인 성찰과 판단에 따라 정립되기 시작한 것이다. 나의 감정과 생각뿐 아니라 어떻게 살 것인가에 대해서도 다른 이들이 이래라저래라 할 수 없다는 생각이 자리를 잡는다. 이처럼 감정과 생각의 자유가 사상과 지성의 자유로 확대되며 개인주의는 공고하게 형태를 갖추어간다.

원하는 삶을 스스로 이끌어갈 때
찾아오는 인간의 존엄과 행복

권위주의가 막을 내리는 르네상스 시대의 또 다른 중요한 경향은 고전에 대한 관심의 확산이다. 개인의 존재가 부각되고 더 이상 정신적으로 의존할 권위가 없어진 상황에 놓인 근대인들은 삶의 길잡이를 찾아 그리스와 로마의 고전을 뒤적일 수밖에 없었다. 인쇄술이 발달한 덕분에 귀족들만이 접근 가능했던 고전의 지혜에 시민 모두가 접근할 수 있는 길이 열린 것이다.

선조의 글을 읽는 이탈리아의 르네상스 후세들은 인간은 무엇이고, 또 인간의 삶이란 무엇인가에 대한 사색에 한껏 심취한다. 고전을 읽기 시작하면서 인간에 대한 관심이 커지며 '휴머니즘humanism'이라고 부르는 인본주의 운동이 일어난다. 휴머니즘이라고 하면 흔히 인간애, 인류애를 연상하지만 여기서 휴머니즘은 '인간다움' 또는 '인간다움에 대한 관심'을 의미한다. 고대 로마의 키케로가 사람이 지닌 '인간다움'을 의미하기 위해 처음 사용한 후마니타스 humanitas라는 개념이 그 원류다. 여기에 뿌리를 두고 인간이란 무엇이고, 어떤 것이 사람답게 사는 것인가에 관심을 갖기 시작한 것이다.

이처럼 중세 후반에 시작된 내면세계에 대한 관심이 르네상스 시대로 이어지며 자아를 가진 개인이라는 존재로 확장된다. 여기에 인간다움은 어디에 있는가를 탐구하는 지적인 관심이 결합되면 어떤 조류가 만들어질까? 인간다움은 외부에서 주어지는 가치를 추종하는 데 있지 않으며 개인 내부에 있는 것들을 활짝 꽃피우는 데 있다는 생각이 자연스럽게 형성된다. 이로써 인간다움은 자신이 주인이 되어 자기 내부에서 진정으로 원하는 삶을 스스로 가꾸어나가는 것이라는 생각이 싹튼다.

르네상스 시대에는 개인의 이상과 꿈이 존중받고 다른 사람의 간섭 없이 자신이 원하는 방식으로 삶을 영위할 권리를 인정받는 것에 인간의 존엄과 진정한 행복이 있다는 생각이 확산된다. 이러한 흐름은 이미 무너지기 시작한 과거의 권위주의를 송두리째 흔들면서 개인을 사유의 중심에 놓는다. 선두에서 이러한 움직임을 표현하고 행동하는 사람들을 흔히 르네상스맨이라고 한다. 피코 델라 미란돌라 Pico Della Mirandola, Giovanni를 그 전형적 인물로 꼽을 수 있다. 그는 『인간의 존엄에 대해』(1486)에서 신의 입을 빌려 이렇게 말한다.

> 너에게는 어떤 한계도 없으며, 오직 너만이 자신을 위해 자연의 한계를 정할 뿐이다. 나는 너를 세계의 중심에 놓았으며, 너는 거기서 네 뜻대로 세계를 둘러보고 원하는 것을 볼 수 있다. 나는 너를 천상의 존재로도 지상의 존재로도 가사적 존재로도 불사적 존재로도 만들지 않았다. 너는 영예롭게 지명된 재판관으로서 스스로의 틀을 짜고 제작하는 존재다. 너는 네가 원하는 모습으로 너 자신을 조각하면 된다.

개인에 대한 깨달음이 내면세계에 대한 성찰과 평등의식에서 꽃피우기 시작하고, 이후 종교, 사회제도를 비롯해 다양한 방면으로 일파만파 퍼져나가며 영향을 미친다.

새로운 시대의 신호탄, 종교개혁과 개인주의 선언

개인의 사적인 영역이 존중되는 르네상스는 개인이라는 자율적 소우주의 신호탄을 쏘아 올린다. 다른 이들이 간섭할 수 없는 나만의 자율과 자유는 침해되어서는 안 되는 존엄한 가치라는 생각이 무르익기 시작한 것이다. 예를 들자면, 마음에 드는 사람을 만나 사랑하고 결혼할 수 있어야 한다. 어떤 일을 좋아하는지, 또 어떤 직업을 가질 것인지 등도 자신이 스스로 판단할 일이다.

인간은 자유롭고 자율적인 존재이며 거기에 인간의 존

엄이 있다는 생각이 서서히 성장해 무르익기 시작한다. 당시로서는 매우 놀라운 변화다. 고대와 중세에는 개인의 밖에서 주어지는 사회적 규범을 지키는 것이 옳은 것이었으며, 욕망과 충동이 자리한 내면의 영역은 규범과 충돌을 일으키는 위험한 영역으로 간주되었기 때문이다.

개인의 위치가 과거와 달라지면서 인간의 도리, 정당한 사회 체제에 대한 기준도 공동체의 전통이 아닌 개인을 중심으로 새롭게 구축되어야 했다. 주어진 신분에 맞게 공동체의 보존과 조화에 기여하는 것이 사람답다는 생각은 더 이상 효력을 가질 수 없었고, 인간다움에 대한 새로운 생각이 영글어가고 있었다.

개인주의 선언이 가져온
변화의 흐름과 권력의 이동

르네상스는 기본적으로 문학과 예술을 향유할 수 있는 귀족, 그리고 고전을 접할 수 있는 지성인들을 중심으로 전개된 운동이다. 르네상스와 더불어 시작된 개인주의의 움직임은 세속에서 종교의 영역으로 확산되며 더 많은 사람의 삶에 영향을 미친다. 이른바 15세기의 종교개혁이다. 종교개혁 당시의 유럽인은 대부분 기독교인이었기에 종교개혁은 사회 전체에 영향을 미치는 광범위한 운동이었다.

종교개혁은 기성의 가톨릭에 대한 도전이다. 이것이 가능할 수 있었던 이유는 로마가톨릭의 세력이 점차 약화되었기 때문이다. 교황은 항상 왕으로 대변되는 세속세계의 맹주들과 힘을 겨루며 때로는 다투고 때로는 협조하는 관계였다. 지역에 부임하는 사제를 서품하는 권한을 두고 싸웠고, 교회 재산의 소유권, 세금, 상속권 등도 분쟁의 대상이었다. 나름대로 유지해오던 균형이 서서히 깨지기 시작하며 종교개혁으로 이어진다. 14세기, 왕권에 밀린 교황청이 프랑스 남부 아비뇽으로 옮겨 70년간 프랑크 제국 왕의 영향권 아래 놓이면서 교황권은 약화된다. 이후 로마로 회귀하지만 이전의 영향력은 회복하지 못한다.

반면 왕들의 권력은 점차 확대된다. 국가들 사이에 상업을 발달시키는 경쟁, 식민지를 개척하는 경쟁이 활발해지면서 상인들이 목소리를 내기 시작한다. 상인들이 왕에게 절대적 권한을 갖고 자신들에게 유리한 환경을 만들어달라고 요청한 것이다. 당시 귀족층은 왕과 상인 모두에게 눈엣가시 같은 존재였다. 왕에게는 권력을 휘두르는 데 걸림돌이었고, 상인들에게는 경제적 이익을 추구하는 데 걸림돌이었다. 상인들이 경제적 부를 축적하면서 힘이 강해

지자 왕과 상인이 공동의 이익을 위해 결탁하며 왕권이 강
화된다. 왕과 부르주아들의 이해관계가 들어맞아 왕권과
부르주아의 힘은 세지고, 귀족의 힘은 약해진다.

고대 기독교로의 회귀,
신앙에 개인주의가 도래하다

　왕권이 강화되면서 교회의 세력이 약해진 측면이 있지
만, 교회를 더욱 약하게 만든 것은 내부의 도덕적인 문제였
다. 교회는 오래전부터 사제들이 결혼하거나 교회 재산을
사유화해 자식들에게 상속하는 등의 문제로 빈축을 사고
있었다. 수도원 혁명과 교황 혁명을 통해 개선하는 중이었
지만, 문제가 완전히 청산되지는 않은 상황이었다. 여기에
성당 건축에 필요한 재정을 충당하기 위해 면죄부를 판매
하는 일까지 더해진다. 이는 기독교인들로 하여금 기성 교
회를 비판적으로 보게 만들었으며, 유럽 도처에서 가톨릭
에 대한 반발로 이어진다.
　세속적인 힘이 약할뿐더러 도덕적으로도 존경받지 못
하는 가톨릭교회가 교권을 장악하고 있는 상황은 당시의
유럽인들을 딜레마에 빠뜨린다. 가톨릭에서 교황을 정점으

로 하는 사제 체계는 천국으로 가는 유일한 통로다. 사제는 절대자의 대리인이며, 사제를 통하지 않고서는 절대자를 만날 방법이 없다. 그런데 면죄부를 파는 등 비도덕적 행동을 하는 사제들은 상종하고 싶지 않은 존재들로 인식되었을 것이다. 절대자를 만나자니 이들을 상대해야 하고, 이들을 상대하지 않으려니 마땅히 천국으로 가는 길이 보이지 않는 딜레마 상황에 빠진 것이다. 이런 딜레마 상황에서 벗어나려면 가톨릭교회 조직을 통하지 않고 여호와를 만나는 길이 마련되어야 한다.

이런 복합적인 상황에서 시대의 희망에 부응하는 혁명의 불을 붙인 것이 마르틴 루터다. 그는 로마 교황청이 면죄부를 판매한 것에 격분해 1517년, 95개 조의 반박문을 비텐부르크 성당 문에 박고, 라이프치히 공개 토론에서 교황과 교회를 부정한다. 이 일로 루터는 파문을 당했으나 이에 굴복하지 않고 종교개혁의 계기를 마련한다. 당시 루터는 신을 대리해 막강한 권한을 행사하는 교회 제도 자체를 부인했다.

루터는 1520년에 쓴 「기독교인의 자유에 대해」라는 글에서 다음과 같이 말한다. "기독교인은 모든 사람의 가장 자유로운 군왕이요, 아무의 신하도 아니다. 그는 만인의 가장 충성된 하인이요, 모든 사람에게 종속한다." 루터를 포함해 당시 종교개혁에 공감하는 사람들의 신조는 다음의 다섯 강령으로 요약된다. 솔라 스크립투라^{Sola Scriptura}(오직 성경), 솔라 그라티아^{Sola Gratia}(오직 은혜), 솔루스 크리스투스 ^{Solus Christus}(오직 그리스도), 솔라 피데^{Sola Fide}(오직 믿음), 솔리 데오 글로리아^{Soli Deo Gloria}(오직 여호와께 영광)가 그것이다.

여기서 이야기되는 항목 하나하나는 신앙인 개인이 갖추어야 할 덕목이다. 결국 나의 구원은 나와 절대자 사이의 일대일 관계에서 이루어지는 일이 된다. 이로써 교회 공동체는 개인이 구원으로 가는 길에 도움을 주되 반드시 필요한 것은 아닌 위치로 내려선다. 사도 바울과 아우구스티누스가 모든 사람은 평등하다고 이야기했던 것처럼 이는 본래의 기독교 정신과 맞닿아 있다고 할 수 있다.

어떤 면에서 보면 이러한 흐름은 고대 기독교로의 회귀다. 개인의 양심과 결단을 구원의 조건으로 삼음으로써 제도권의 힘을 약화시켰고, 성직자와 종교를 둘러싼 계급주의 전통을 모조리 부수었다. 신앙에 있어 개인주의가 새로이 도래한 것이다. 이제 이 시대를 지배한 개인주의는 신앙을 거쳐 사회 전 영역으로 확대된다.

개인주의적 자유주의는 어떻게 확산되는가

    르네상스의 확산과 종교개혁의 소용돌이 속에 공통적으로 떠오른 화두는 개인주의, 개인의 자율, 개인의 권리다. 이는 철학자들의 사상에도 고스란히 반영되어 개인의 평등, 자유, 존엄을 기반으로 하는 새로운 가치관이 봇물 터지듯 생산된다.

    철학자 헤겔Georg Wilhelm Friedrich Hegel, 1770~1831은 "미네르바의 올빼미는 석양에 날기 시작한다."라고 말했다. 여기서 올빼미는 철학자를, 석양(해 질 녘)은 한 시대가 저무는 시기를 말한다. 한 시대가 성숙해지면 철학자는 지난 시대의 정신을 정리해 제시한다는 말이다. 근대 형성기라고 다르지 않다. 14세기에서 16세기에 걸쳐 르네상스와 종교개혁을 통해 한껏 성숙해진 개인에 대한 의식이 철학자들에 의해 정형화된 체계로 정리되었다.

베이컨과 데카르트,
개인을 지식과 진리의 중심에 놓다

철학자들은 종교적 세계관에 의존하지 않고, 개인 스스로의 판단을 통하여 세계를 이해하기 시작한다. 그 대표적인 인물로 영국의 프랜시스 베이컨Francis Bacon, 1561-1626과 프랑스의 르네 데카르트René Descartes, 1596-1650가 꼽힌다. 철학사에서 이들은 근대 인식론을 대표하는 철학자로 경험론과 합리론이라는 대립적인 두 사조의 효시다.

세계에 대한 진리를 파헤치기 위해서는 경험적 관찰도 필요하고 수학과 같은 이성적 직관도 필요하다. 베이컨이 경험을 강조한 반면 데카르트는 이성을 강조했으며, 이들의 사상은 경험론과 합리론으로 구분된다. 그러나 이보다 중요한 것은 이들을 가로지르는 공통의 시대정신이다. 베이컨과 데카르트는 세계에 대한 지식을 전통적 고정관념에서 해방시킨다. 그리고 개인에서 출발해 재구성하려 했다.

베이컨은 세계에 대한 올바른 지식을 구성하는 데 방해가 되는 선입견들을 '우상'이라고 배격했으며, 극장의 우상을 가장 위험한 것으로 제시했다.[29] 극장의 우상은 전통과 권위에 의해 옹호되는 견해들이 무대 위에 수시로 올려져 개인의 판단력을 흐리게 하는 것을 비유적으로 표현한 것이다. 진리를 추구하는 사람은 이를 경계함으로써 고정관념에 흔들리지 않아야 한다. 경험에 근거한 과학적 판단을 통해 세계로 나아가야 한다는 것이 그의 생각이다. 여기에는 권위주의를 배격하고 개인의 경험에서 시작해 지식을 구성해야 한다는 개인주의 의식이 선명하게 드러난다.

이런 점은 데카르트 사상에도 들어 있다. 데카르트는 기존에 지식이라고 통용되는 것들 중 믿을 만한 것이 하나도 없음을 깨닫는다. 그리고 의심의 여지 없이 확실한 토대 위에 지식을 재구성하는 것을 평생의 과업으로 삼는다.[30] 이 과정에서 그에게 중요한 것은 전통도 권위 있는 인물의 증언도 아니었다. 내 생각을 찬찬히 되돌아보고, 그것이 의심 불가능할 정도로 확실하게 드러나는지가 중요했다. 진리의 기준, 지식의 기준은 결국 개인의 의식이며 공동체의 기준은 중요하지 않다. 이는 기존의 권위주의적 지식 체계

를 배격하고 개인을 지식과 진리의 중심에 놓는 또 하나의
개인주의 선언이다.

홉스와 로크,
개인을 권력의 중심에 놓다

개인을 세계의 중심에 놓는 움직임은 하나의 시대정신
으로 자리 잡는다. 먼저 개인적 감각과 정서의 영역에 대한
열린 태도가 마련되었다. 거기서 인간다움을 찾는 것으로
시작해(르네상스), 절대자와의 관계 수정으로 진행되며(종
교개혁), 자연세계의 진리와 지식을 획득하는 방식에 대한
이해(근대의 인식론)로 확장되었다. 개인을 중심에 두고 진
리와 지식을 탐구하고 구성하려는 철학의 개인주의 움직임
은 이후 더욱 확장되어 인간의 도덕과 규범의 영역으로 나
아간다.

근대에 들어와 권위주의적이고 계급적인 사회가 흔들
리면서 개인들은 평등을 인정받기 시작했으며, 이 기반 위
에서 사회 규범은 새로이 구성되어야 했다. 그런데 새로운
시대의 규범을 만드는 것은 그리 간단한 일이 아니다. 이러
한 변화는 기존의 계급적 권위주의 체제에 대한 정치적 도

전을 의미하기에 폭발력을 갖는다. 따라서 혁명에 준하는 충돌을 예감할 수밖에 없다. 아직은 상당한 영향력을 갖고 있는 기득권 세력의 저항을 넘어서야 하기 때문이다. 그러나 개인은 평등하고 자유로운 존재라는 생각은 이미 대세를 이룬 상황이었다. 이런 흐름 속에서 철학자들은 개인에서 출발해 새로운 사회적 규범을 세우는 시도를 시작한다. 이와 관련해 토머스 홉스Thomas Hobbes, 1588-1679와 존 로크John Locke, 1632-1704의 경우를 보자.

　보통 홉스 하면 절대군주제를 옹호한 그의 책 『리바이어던』을 떠올리고, 이것은 다시 권위주의적 체제를 연상시킨다. 그가 권위주의적 권력 체제를 옹호한 것은 맞지만, 그 근거는 자유주의적 개인주의에 있다. 홉스에 따르면 인간이 태어나는 자연 상태는 만인이 만인에 대해 투쟁하는 '야만'의 상황이다. 이 상황에서 함께 생존하는 방식은 무엇인가를 합리적으로 궁리한 결과 개인들은 절대군주에게 통치를 맡기기로 합의에 도달(또는 그런 합의에 도달하는 것이 현명하다)한다. 즉 권력은 개인들이 합의한 계약에 의해 만들어진다는 것이 홉스의 생각이다. 결과적으로 권력의 정당성도 결국은 개인들에게서 나온다는 생각이 바탕에 깔려 있다.

　자유주의 정치철학의 대표적 옹호자로 알려진 로크도

정치 권력이 개인들의 계약에서 나온다는 견해에 공감한다. 다만 로크는 개인의 천성을 부정적이라 보지 않았기 때문에 자연 상태가 홉스가 생각하듯 그렇게 가혹한 상황은 아니라고 생각했다. 그렇다 해도 사회를 이루며 살다 보면 분쟁이 없을 수는 없다. 그런데 개인 간의 분쟁을 당사자들에게 맡겨두면 객관성과 설득력을 확보하기가 어려우므로 제삼자의 조정이 필요하다. 분쟁을 해결하기 위해서는 법을 집행하는 제삼자가 필요하고, 이런 필요성 때문에 정부가 있어야 한다는 것이 로크의 생각이다.

결국 정부 또는 정치 권력은 개인들이 문제를 해결하기 위해 합의하에 권력을 양도해 성립하는 것이며, 그 권력은 개인들이 이양한 수준에서 행사되어야 한다. 모든 통치권은 시민에게 있다는 주권재민 의식, 즉 민주주의의 초석이 이렇게 놓인다. 그리고 그 중심에는 권력의 중심이 개인이라는 개인주의가 자리한다.

로크의 정치철학은 개인의 자유와 존엄을 극대화한 상당히 급진적인 자연권 이론을 바탕으로 해 권위주의적 체제에 대한 심각한 도전이 되었다. 자연권을 강조한 로크의 이론은 이후 자유주의 사상의 초석이 되어 프랑스 혁명과 미국 혁명의 이념을 뒷받침하는 역할을 한다. 평등하고 자유로운 개인의 보편적 권리를 존중하고, 정부는 이러한 개인의 존엄을 침해해서는 안 된다는 생각은 '이성'과 '사랑'에 더해 인류의 중요한 자산으로 자리 잡는다.

이성의 시대는 개인의 시대와 함께 흘러간다

근대에 들어와 개인은 자유롭고 평등한 존재로 다시 태어났다. 계급주의적인 차별과 종교적인 세계관에서 벗어나 평등한 개인이 될 수 있다고 믿었으며, 새로운 세계를 만들어나갈 꿈을 꾸었다. 자유가 책임을 동반한다는 것은 진부하지만 불변의 사실이다. 이제 개인들은 과거와 단절되면서 세계에 대한 그림을 새로이 그려나가야 할 책임을 지게되었다. 또 인간으로서 지켜야 할 규범도 스스로 만들어내야 했다.

새로운 미래의 구성,
다시 이성에 의존하다

자유로운 개인들이 미래를 새로 구성해나가기 위해 의지할 것은 다시 이성이었다. 고대 그리스에서 신화적 세계관을 대체하면서 철학이 생겨날 때 인류의 유산으로 자리 잡은 바로 그 이성 말이다. 인간은 무엇이 참이고 무엇이 거짓인지를 분별할 수 있는 능력이 있다. 이 능력이 이성이다. 나의 경험, 지각, 판단 등이 참을 향한 올바른 이정표인가를 되돌아보면서 세계에 대한 그림을 그려나갈 능력, 이러한 능력이 이성이다.

신화에서 벗어나 이유와 근거가 있는 것을 받아들이겠다는 태도에서 철학이 시작되었다. 마찬가지로 약해진 기독교적 세계관을 버리고 세계에 대한 그림을 다시 그려야 할 때 이성이 또다시 부각된 것이다. 이 시기는 기존의 세계관을 버리고 개인이 세계의 출발점이라고 생각하던 때다. 이런 상황에서 의지할 것은 당연히 개인의 이성적 판단일 수밖에 없다.

르네상스와 종교개혁으로 탄생한 개인이 이성을 통해 세계에 대한 그림을 그려나가는 16~18세기는 이성이 주도한 시대이기에 '이성의 시대'라고 했으며, '계몽시대'라고 불리기도 했다. 과거의 고정관념에서 벗어나 이성적 성찰을 통해 세계의 모습을 객관적으로 다시 그려나가는 시대, 과거의 계급주의적 권위주의에서 벗어나 평등하고 자유로운 개인의 인권을 깨우는 시대였다. 사람들은 이 도전을 기꺼이 받아들이며 미래에 대한 분홍빛 꿈을 꾸었다.

이성을 기반으로 해 꿈꿔온 미래는 결코 헛되지 않았다. 자연을 이해하는 학문들이 전문화되어 발전하며 철학에서 분리되고 여러 분과 학문이 형성되기 시작했다. 태양을 천체 운동의 중심으로 이해하는 코페르니쿠스 같은 이들이 나타날 수 있었던 것도 개인의 경험과 판단을 중시하는 개인주의 경향의 연장선상에서 이해할 수 있다.

계급구조를 넘어
평등에 눈뜨기 시작한 이성

개인의 판단을 믿고 거기서부터 세계에 대한 그림을 그려나가야 한다고 외친 베이컨과 데카르트는 철학자이면서 과학자이기도 했다. 이런 조류는 점차 확대되어 16~17세기에는 수많은 과학자가 등장하는데, 후대 역사가들은 이 시기를 과학 혁명의 시기라 부른다. 어떤 이는 근대로 이행

하는 과정에서 종교개혁이나 르네상스가 한 역할보다 과학 혁명의 역할을 더 강조한다.[31]

이성은 과학을 통해 세상의 참된 모습을 밝혀줄 뿐 아니라, 올바른 삶의 방향을 인도해줄 것으로 기대를 받았다. 인간의 본성과 가치를 이성적으로 탐구하면 결국 개인들이 모여 조화롭고 행복하게 살 수 있는 사회의 모습을 그려낼 수 있으리라는 자신감에 차 있었던 것이다. 그래서 이 시기에는 어떤 정치 체제가 이상적인가에 대한 토론이 다른 어떤 시대보다 더 활발하게 펼쳐졌다.

앞서 살펴본 홉스와 로크 외에도 장 자크 루소Jean-Jacque Rouseau, 애덤 스미스Adam Smith, 이마누엘 칸트Immanuel Kant, 제러미 벤담Bentham, Jeremy, 존 스튜어트 밀John Stuart Mil에 이르기까지 오늘날 정치학과 정치철학에서 언급되는 고전 사상가들의 상당수가 이 시대 사람들이다.

이야기를 더 전개하기 전에 오해를 피하기 위해 분명히 해야 할 것이 있다. 근대에 들어와 이성이 계몽적 이성으로 발전하면서 개인의 존엄함에 대한 의식을 깨우쳐준 것은 사실이다. 그러나 아직 완성에 이르지는 못 했다. 시민들이 왕이나 귀족들과 동등한 권리를 지닌 존엄한 존재로 상승했지만, 아직도 편견과 차별의 그늘에 놓인 많은 계층이 있었다. 여성들은 여전히 남성의 행복과 종족의 번식을 위한 수단으로 여겨졌고, 노예는 노동의 고통을 덜어주는 수단으로 여겨지며 인간보다는 가축에 가까운 존재로 취급받았다.

그럼에도 이성이 계급구조를 넘어서서 평등에 눈을 뜨기 시작했다는 것이 중요하다. 일단 개인의 존엄과 평등에 눈을 뜬 이성은 권위주의의 틀을 벗어나 그 범위를 점차 넓혀나간다. 시민을 존엄한 인격체에 포함하기 위해서는 근대적 사회구조의 도움이 필요했다. 마찬가지로 여자와 노예를 동등한 인격체로 인정하도록 의식이 성장하기 위해서는 상응하는 사회적 변화가 필요했을 것이다.

이런 변화가 올 때 '왜 여성은 배제되어야 하는가?', '왜 노예는 배제되어야 하는가?'라는 질문을 던지면서 인격체의 범위를 확장하는 의식을 발전시킨 것은 역시 이성이다.[32]

모나리자의 미소에 담긴
시대사적 혁명

　　중세에 심어진 내면세계에 대한 성찰과 평등의식이 근
대에 들어와 전방위적으로 확대되며 개인이 형성되고, 사
회적 규범에 대한 변화까지 진전되어온 과정을 살펴보았
다. 개인이 형성되면서 개인의 기본권과 존엄에 대한 의식
은 점차 확대되었다. 오늘날 대부분의 문명국가의 헌법은
이때 형성된 개인의 기본권 개념이 모태가 된다. 기본권에
는 거주 이전의 자유, 종교의 자유, 표현의 자유, 자결권, 결
사의 자유, 집회의 자유, 사상의 자유, 적법절차의 자유 등

이 포함된다. 그 내용을 보면 개인의 자유로운 선택과 관련된 권리로서 근대에 태어난 개인이 확고히 자리를 잡으며 인정된 부분이다. 근대에 태어난 개인과 그에 따르는 자유, 평등, 존엄 등은 정치적 이념을 초월하는 시대의 징표로 자리 잡았다고 해도 과언이 아니다.

차가운 머리만큼
뜨거운 마음의 중요성도 커지다

나의 마음, 나의 정신은 나만이 접근할 수 있는 영역이라는 의식은 중세 후반 이후 열리기 시작했다. 그리고 르네상스 시대를 맞아 더욱 주목을 받으면서 개인의 주체성과 존엄에 대한 생각이 확대되었다. 우리가 정신이라고 부르는 한 개인의 내면세계는 그 나름의 선호, 이념, 판단, 희망 등으로 채색되어 독특한 모습을 이룬다. 이것은 그 개인의 세계이며, 세상은 자신만의 고유한 정신세계를 가진 개인들로 구성된다. 이 세계를 어떻게 만들어나갈 것인가는 그 세계를 소유한 개인의 몫이며, 모든 개인은 그 점에서 동등하다. 이렇게 주체성과 자율의 의식이 성장하며 개인이 탄생했다.

내면세계가 주목받고 자유로운 개인이 탄생하면서 감정의 영역에 대한 평가도 달라진다. 흔히 차가운 머리와 뜨거운 마음을 겸비해야 한다고 말한다. 인간은 냉정하고 객관적으로 상황을 판별해 옳음을 추구하는 이성을 지닌 동시에 기뻐하고 화내고 슬퍼하고 즐거워하며 상황에 주관적·정서적으로 반응하기도 한다. 이처럼 희로애락을 주관하는 정서라는 영역이 새로 주목받기 시작한 것이다. 삶을 나락으로 이끄는 것, 이성에 의해 통제되어야 할 것으로 홀대받아온 감정과 정서의 영역이 다시 새롭게 평가받는다.

특히 쾌락과 고통의 영역이 재조명된다. 고대에는 공동체적 가치와 계급주의적 불평등 이념에 의해, 중세에는 종교적 교리에 의해 부적절하거나 불경스러운 것으로 죄악시되던 욕망과 쾌락이 새로운 대우를 받게 된 것이다. 과거 권위주의적 사회에서는 개인이 공동체의 보존을 위해 존재하는 것으로 생각되었다. 반면 근대 이후에는 의식 전환이 일어나 공동체가 개인을 위해 존재하는 것으로 여겨졌다. 공동체의 조화라는 명분 아래 개인의 욕망과 쾌락을 통제해서는 안 되며, 오히려 개인의 욕망과 쾌락을 조화롭게 추구하기 위해 사회가 작동하는 것으로 보았다. 욕망과 쾌락이 사회적 금기가 아니라 삶을 이끌어가는 원동력으로 인식되면서 지금까지의 오명을 벗고 당당하게 전면에 나선다.

르네상스를 대표하는 화가 레오나르도 다빈치의 〈모나리자〉도 이런 맥락에서 해석할 수 있다. 다빈치는 리자 여사의 초상화를 그리기 시작하며 아름다운 여인의 미소를 담기로 결심한다. 권위주의적 사회에서 개인의 쾌감을 드러내는 것은 부적절하게 여겨졌기에 초상화에는 항상 엄숙하고 정숙한 주인공들의 모습이 담겼다. 그런 문화에 젖어 있던 리자 여사 입장에서는 초상화를 위해 미소 짓는 것이 경박하게 느껴졌을 테고, 화가의 요청에 응하기가 쉽지 않았을 것이다.

그러나 미소를 담고자 하는 다빈치의 의지는 확고했다. 그는 리자 여사가 스스로 미소를 지을 수 없음을 알고 희극인들을 불러 온갖 재주를 부리게 해 마침내 그녀에게서 미소를 끌어낸다. 그렇게 얼핏 드러난 리자 여사의 미소를 화폭에 담아 여러 해에 걸쳐 작업한다. 그 결과 지금의 우리가 알고 있는 모나리자의 초상화가 완성된다.

루브르 박물관의 한 켠에 위치한 작은 그림이 세계 최고의 미술품이라는 찬사를 받는 것은 다빈치의 미학적 탁월함 때문만은 아니다. 미학적 천재성뿐 아니라 역사를 읽어내는 천재성까지 담겨 있기에 오늘의 〈모나리자〉가 탄생할 수 있었다. 새로이 싹터 오르는 시대의 의식, 즉 쾌락과 즐거움은 자연이 준 선물이기에 죄의식을 가질 필요가 없다. 다빈치는 이러한 시대 의식을 한 폭의 그림을 통해 집약적으로 표현하고 선언했다. 미술적 가치와 역사적 가치가 어우러져 16세기 초, 다빈치가 그린 그림은 영원성을 획득하며 세계 최고의 미술품으로 남는다.[33]

욕망과 쾌락, 사회적 금기에서 삶의 원동력으로

이런 궁금증이 들지도 모른다. 다빈치의 〈모나리자〉를 보고 감각적 쾌락에 대해 개방적 태도를 갖는 시대가 도래했다고 말하는 것은 과장 아닌가? 예술가들은 본래 인간의 감성에 대한 감수성이 뛰어난 사람들 아니었던가? 쾌락에 대한 개방적 태도는 예술가라는 특수층의 성향일 뿐이라는 견해는 종교개혁의 불을 당긴 마르틴 루터를 통해 여지없이 무너진다. 근대의 가장 경건한 인물 중 한 명인 루터에게서도 쾌락은 해방의 옷을 입고 나타난다.

루터는 원죄 의식과 우울증으로 고통받았던 것으로 알려져 있다. 구원받을 수 있을지에 대한 불확실함에 시달리던 그는 어느 날 『로마서』 1장 13절 "믿음으로 의로워진다."는 가르침으로 회심하며 '깊이 잠겨 있는 몽매함과 비참함에서 벗어나게 되었다'고 한다. 이 회심 이후 그가 우울증에서 벗어났다는 증거는 없다. 그러나 삶에 대한 그의 비전은 극적으로 변화한다. 그는 믿음을 통해 절대자의 은총을 받으면 죄의식에서 자유로워지고, 그것을 통해 영원에서뿐 아니라 이생에서도 기쁨을 누릴 수 있음을 주장했다.[34]

이생에서 기쁨과 쾌락을 누리는 것은 좋은 것이고 그래야 하는 것으로 인식되기 시작한다. 이렇게 종교개혁으로 사람들의 기분 상태가 도덕적으로 정당화되고, 성스러운 것으로 여겨지기까지 한다. 루터는 "세상은 '쾌락의 정원'이 되어야 하며, 모든 슬픔은 사탄에게서 온다."라고 했다.[35]

물론 루터가 말한 쾌락이 세상에서 이야기하는 감각적 쾌락인가 하는 점은 논란의 여지가 있다. 그가 말하는 구원에서 오는 기쁨과 행복은 세속의 쾌락과는 거리가 있어 보이기 때문이다. 정당한 지적이다. 그럼에도 부정할 수 없는 것은 종교의 영역에서조차 긍정적 감각의 영역에 대한 개방적 시각이 싹트기 시작했다는 점이다. 루터의 종교관은 내세에 천국에 도달해 복락을 누리려면 현세에서 금욕과 고난이라는 비용을 지불해야 한다는 중세적 종교관과는 상당한 거리가 있다. 이렇게 세속만이 아니라 종교도 정서적 측면의 행복과 즐거움에 대한 죄의식에서 벗어나고 있었다.

더 이상 이성과 정서가
선악과 우열로 나뉘지 않는다

되돌아보면 욕망과 감각의 세계가 인간 삶의 중요한 요
소로 인정되지 않은 시기는 없었다. 고대에도 욕망은 이성
과 긴장을 유지하며 삶을 이끌어가는 중요한 요소로 간주
되었고, 성경에도 인간의 욕망에 대한 이야기가 끝없이 언
급된다. 마찬가지로 중세에도 욕망은 인간을 이해하기 위
한 중요한 요소였다. 따라서 욕망과 쾌락이 근대에 와서 처
음으로 삶의 중요한 요소로 인식되었다고 할 수는 없다.

달라진 것은 욕망과 쾌락이 더 이상 인간다운 삶을 사
는 데 지장을 초래하는 문제아로 인식되지 않는다는 점이
다. 이성, 신앙 등과 더불어 삶을 구성하며 정당한 대우를
받아야 하는 요소로 인식되기 시작했다. 전통적으로는 욕
망과 쾌락이 과도하면 삶이 나락으로 떨어질 수 있으니 이
성이나 신앙으로 조율할 필요가 있음이 강조되었다. 그러
나 근대에 들어오면서 욕망, 쾌락, 즐거움 등의 감성이 삶
을 윤택하게 하는 중요한 요소라는 점에 주목하기 시작한

것이다.

이처럼 근대에 들어와서는 이성과 정서 사이에 존재하던 선악과 우열에 대한 생각이 빛을 잃는다. 죄의식에서 해방되면서 쾌락과 고통을 필두로 하는 정서적 차원에 대한 관심은 점차 확대되어간다.

고삐 풀린 쾌락의 위치는
어디까지 높아지나?

죄의식에서 벗어난 쾌락이 삶을 지배하는 주요 요소로 부각되는 데는 과학의 발전도 한몫했다. 16~17세기에는 코페르니쿠스Nicolaus Copernicus, 케플러Johannes Kepler, 갈릴레이Galileo Galilei, 뉴턴Isaac Newton에 이르기까지 자연과학이 엄청난 발달을 이뤘다. 그러자『성서』「창세기」와는 전혀 다른 이야기들이 쏟아져 나왔다. 당시의 과학자들이 신의 개입 없이 자연 자체가 갖고 있는 원리를 통해 삼라만상을 설명하기 시작한 것이다. 자연현상은 결정론적인 법칙의 지배를 받는다는 가정 아래 자연과학이 발전하기 시작한다.

로크는 뉴턴이 기계론적인 과학을 통해 자연계를 멋지게 설명한 것에 감명을 받았다. 이후 그는 자연과학의 역학적 설명을 모델로 해 마음에 대한 과학을 구성하고자 한다. 자연계에서 물체들 사이에 끌어당기는 인력을 통해 운동의 근본적인 원리를 설명했듯이, 쾌락과 고통 역시 마음을 지배하는 불가피한 원리라는 논지를 내세워 설명하고자 한 것이다.

그는 대표작 『인간오성론』에서 쾌락과 고통을 인간의 행위와 생각을 촉발하는 가장 중요한 요소로 제시한다. "배고플 때 먹고, 목마를 때 마시며, 음악과 예술을 창조하는 것 등은 모두 거기에 동반하는 쾌감의 증대와 고통의 감소라는 요소가 있기에 가능한 것이다." 로크는 우리가 무언가에 주목해 경험하는 것도 쾌락과 고통의 원리에 영향을 받는다며 다음과 같이 설명한다.

쾌락과 고통의 느낌이 없으면 우리는 특정한 생각 또는 행위를 다른 것에 비해 선호할 이유가 없을 것이다. 또한 주의를 기울이기보다 무시하며, 쉬기보다 움직일 이유가 없을 것이다. 구태여 몸을 움직이고 마음을 쓰기보다는 우리의 생각이 아무 방향성과 계획 없이 그저 떠돌게 하면서, 아무도 신경 쓰지 않는 그림자처럼 그저 발생하는 대로 마음의 관념들을 받아들일 것이다.[36]

데이비드 흄David Hume, 1711-1776은 로크에서 한발 더 나아간다. 그는 쾌락을 추구하고 고통을 피하는 성향으로 이루어진 인간의 마음을 '정념passion'이라고 부른다. 그러고는 정념이 인간의 마음과 행동을 움직이는 원동력이며, 이성은 정념의 노예라고 주장한다.[37] 이성은 정념이 가리키는 목적을 달성하기 위한 가장 효과적인 방법을 계산해내서 정념에 봉사하는 역할을 한다는 것이다. 고대와 중세에 정념은 이성 또는 신앙의 지휘를 받고 통제되어야 한다는 생각이 일반적이었다. 그러나 흄은 이성과 정념 사이의 관계를 반전시킨다. 쾌락과 욕망이 이성과 동등한 대우를 받아야 한다는 주장에서 한발 나아가 더 우월한 지위를 차지하기에 이른다.

공리주의자들에게 쾌락과 고통의 영역은 더욱 중요한 역할을 한다. 쾌락 추구와 고통 회피의 메커니즘이 인간의 행위를 설명하기 위한 정당한 요소로 제시될 뿐 아니라, 무엇이 옳고 그른지를 판정하는 원리로 진화해간다. 공리주의의 창시자로 인정받는 벤담은 다음과 같이 말한다.

자연은 인간을 고통과 쾌락이라는 두 군주의 통치 아래 두었다. 고통과 쾌락만이 우리가 무엇을 해야 하는가를 가리키고, 또한 우리가 무엇을 하게 될 것인가를 결정한다. 한편으로는 옳고 그름의 기준이, 다른 한편으로는 원인과 결과의 연쇄가 그들의 왕좌에 묶여 있다. 그들은 우리가 하는 것, 말하는 것, 생각하는 것 모두를 지배한다. 우리가 그 얽매임에서 벗어나려 해도 그를 더욱 입증하고 증명할 뿐이다. 인간이 그들의 왕국을 말로는 부인하는 척해도 결국 그들에게 종속된다. 유용성의 원리는 이러한 복종을 인정하고 사회 체제의 근간으로 가정한다. 사회 체제의 목적은 이성과 법의 손으로 행복의 천을 짜는 것이다.[38]

놀라운 주장이다. 인간도 동물이므로, 쾌락을 추구하고 고통을 피하는 생물학적인 구조에 영향을 받는다는 주장은 인정할 수 있다. 그러나 이런 감각적이고 정념적인 요소는 인류와 도덕에 의해 통제되어 균형을 이루어야 한다는 것이 상식이었다. 쾌락이 점점 중요한 것으로 여겨져 그 가치가 올라가더니, 벤담은 쾌락을 윗자리에 놓는다. 그러고는 사회적 윤리와 규범이 쾌락에 기여하는가 여부에 의해 결정된다는 주장을 한다. 해방된 쾌락의 고삐가 풀리더니 그 위치가 점차 높아지는 것을 볼 수 있다.

이성과 신앙에 의해 통제되어야 할 악이었던 욕망의 영역이 근대에 들어와 선도 악도 아닌 자연에 의해 주어진 천성으로 간주되며 죄의식에서 해방되더니(로크), 이성을 휘하에 부리면서 삶을 주도하는 주인공으로(흄), 이제는 도덕의 근간으로까지(공리주의) 그 위상이 높아진다.

우울, 낭만적 연상에서
치료할 대상으로

17세기에서 18세기로 이어진 시기에는 그야말로 행복에 대한 담론이 봇물처럼 터져 나왔다. 행복과 관련된 서적이 많이 출판될 뿐 아니라, 행복을 위한 공간도 만들어졌다. 영국과 프랑스에서는 사람들이 즐거운 시간을 보내기 위해 가는 공간으로 '쾌락 정원'이 설립되기 시작한다.[39] 오늘날 놀이공원에 대응하는 것이라고 할 수 있다.

우울감에 대한 태도도 이 무렵부터 변화한다. 이전까지만 하더라도 우울감, 절망감 같은 정서는 때론 낭만적이고 긍정적인 연상과 결부되었다. 피코 델라 미란돌라의 스승 피치노Marsilio Ficino는 아리스토텔레스를 인용하며 멜랑콜리와 천재성 사이에 긴밀한 관련이 있음을 이야기했다. 흑담즙이 쌓이는 것은 상상력, 지적인 명민함, 예지력 등과 연관이 있다는 것이다. 지식인의 절망감을 멋스럽게 이해하는 경향이 지금까지 부분적으로 남아 있는 것도 이 전통의 영향이라고 할 수 있다.

이런 경향은 르네상스 시대에 들어와 변화한다. 우울감과 관련된 낭만적 연상이 약화되고, 우울감을 제거하기 위한 온갖 의학적 조언들이 범람한다. 17세기 영국의 로버트

버튼^{Robert Burton}은 멜랑콜리를 다각도에서 상세하게 논의한
『멜랑콜리의 해부』라는 책을 출간한다. 그는 이 책에서 "몸
과 마음에 그토록 자주 또 심하게 고통을 주는 이 유행병을
예방하고 치료하는 것보다 중요한 일은 생각할 수 없다."라
고 말한다.[40]

이성과 쾌락의 이중주에서
균형 잡기

　감정, 감성, 정서 등 다양한 이름으로 불린 마음의 영역이 악의 오명에서 벗어나기 시작한 것은 사실이다. 그렇다고 해서 이성이 개인의 쾌락 추구를 위한 욕망의 도구로만 간주된 것은 아니다. 쾌락이 해방되는 근대는 계몽의 시대였고, 계몽을 주도한 것은 이성이었기에 이성은 여전히 무대의 주인공이었다.

극단의 이기주의를 막는
공감과 연민의 정서

로크는 쾌락과 고통이 인간의 행위를 유발하는 유일한 원천이라고 주장했다. 쾌락이나 고통을 인간의 본능적 악으로 보고 무작정 통제해야 한다는 관점에서는 멀어져 있었다. 그러나 로크는 쾌락과 고통을 감각적이고 동물적인 것으로 제한하지 않았다. 인간을 동물과 구분시켜주는 도덕의 법칙이 있고, 이를 지킬 때는 절대자가 주는 보상이 어길 때는 벌이 따른다. 그는 보상과 벌도 일종의 쾌락과 고통이라고 보았다.[41] 즉 로크가 본 쾌락과 고통에는 기독교적인 정신이 녹아 있었다.

정서의 영역에서 쾌락과 고통이 주목을 받으면서 공감의 정서도 관심을 받는다. 당시는 '어떻게 살 것인가'라는 주제를 다루면서 고통과 쾌락이라는 태생적으로 이기적이고 개인적인 차원의 정서가 주목받았다. 정서에 주목하는 상황에서 이웃을 향한 긍정적 정서인 공감이 윤리의 근거로 주목받지 않는다면 오히려 이상한 일 아닐까?

공감에 주목한 대표적 철학자는 흄과 애덤 스미스다.[42] 앞서 보았듯 흄은 이성을 쾌락과 고통의 노예라고 생각했다. 이성은 어떻게 하면 쾌락을 얻고 고통을 피할까를 계산하는 목적에 기여할 뿐 이성 그 자체로 행위를 유발하는 힘은 없다고 생각한 것이다. 그렇다고 흄이 인간을 쾌락과 고통의 노예로 본 것은 아니다. 정념이 인간의 행동을 지배하지만, 정념에는 개인적 차원에서 쾌락을 추구하고 고통을 회피하는 욕구뿐 아니라 타인에 대한 공감과 연민도 있기 때문이다. 흄은 공감과 연민의 정서가 극단적인 이기주의로 빠지는 것을 막고, 인간의 윤리와 그것을 구성하는 도덕적 감정을 만들어낸다고 생각했다.[43]

애덤 스미스는 『국부론』을 쓴 경제학자로 대중들에게 알려져 있다. 하지만 그 자신은 공감을 토대로 도덕을 설명한 『도덕감정론』을 훨씬 중요한 책이라고 생각했다.[44] 이 책에서 스미스는 슬픔이나 기쁨을 느끼는 주체와 그를 관망하는 제삼자 사이의 공감, 그리고 서로를 의식한 공감의 조율을 도덕의 출발로 생각했다. 이러한 조율의 결과 불편부당한 관망자가 정서적 느낌에 공감하면, 그 느낌은 정당하게 승인받아 도덕적 규범의 지위에 오르게 된다는 것이 스미스의 생각이다.

도덕을 쾌락과 고통의 산물로 생각한 공리주의도 단순한 쾌락주의는 아니었다. 공리주의에 따르면 한 행동의 도덕적 점수는 그 행동이 초래하는 유익과 불이익을 더하고 빼서 합산한 결과다. 여기서 유익과 불이익은 그 행위가 초래한 쾌락과 고통에 의해 결정된다. 단순하게 말해 어떤 행동이 초래한 쾌감이 고통보다 크면 선한 행위이고, 그 반대면 악한 행위라는 논리다.

공리주의는 쾌락과 고통만으로 도덕을 정의하는 극도의 쾌락주의적 윤리관이라 할 수 있다. 그러나 계몽시대의 공리주의는 쾌락을 계산할 때 행위자의 쾌락과 고통만을 고려하지 않는다. 주변에 영향을 받는 모든 사람의 쾌락과 고통을 함께 계산한다. 그래서 벤담은 행위자 개인의 행복(쾌락-고통)으로 도덕성을 정의하지 않고 '최대 다수의 최대 행복'을 이야기한다. 이성이 나만의 행복으로 도덕을 정의하게 놓아두지 않고, 다른 사람들까지 고려하게 만든 것이다.

이기주의적 쾌락주의가
왕따를 당한 이유

당시의 극단적 쾌락주의자들에 대한 반응은 시대적 조류를 이해하는 데 도움이 된다. 18세기에는 라 메트리 Julien Offroy de La Mettrie, 카사노바 Giacomo Girolamo Casanova, 마르키 드 사드 Marquis de Sade와 같은 이기적 쾌락주의자들이 나타난다.

라 메트리는 1700년대에 활동한 프랑스의 의학자이자 철학자인 동시에 계몽주의 사상가다. 그는 인간은 물질 체계 이상도 이하도 아니라고 주장한 극단적 유물론자다. 인간은 동물과 다르지 않기에 쾌락의 이기주의적인 면을 막을 수 없다고 주장했다. 바람둥이의 대명사이자 이탈리아의 문학가인 카사노바, '사디즘sadism'이라는 단어의 원천이 된 프랑스의 소설가 사드도 이성, 윤리, 규범 등의 전통적 가치를 비판하고 새로이 도래하는 가치인 쾌락을 절대적인 것으로 옹호한 이들이다.

그러나 이들의 이기주의적 쾌락주의는 대세를 이루지 못하고 왕따가 된다. 아직 영향력이 남아 있는 기독교에 도전한 것도 왕따가 되는 데 한몫했지만 더 큰 이유가 있다. 인간의 이성과 지적 능력을 통해 세계를 이해하고 재건할 수 있다고 낙관하던 당시의 계몽주의와 너무 어긋났기 때문이다. 이들은 인간을 통제하는 이성을 거추장스러운 것으로 치부했다. 그러니 그 시대 사람들에게 비정상적으로 취급될 수밖에 없었다. 하지만 이들의 등장은 그 시대가 무엇을 향해 열려 있는지, 또 인간에 대해 어떤 새로운 관점이 펼쳐질 수 있는지 그 가능성을 보여주는 하나의 신호가 되었다.

17~18세기에 이르러 쾌락에 대한 시각이 개방적으로

변화한 것은 맞다. 하지만 전통적인 공동체적 규범을 내던 진 채 자신의 쾌락만을 이기적으로 추구한 것은 아니다. 이 기적 쾌락주의자들이 널리 수용되지 못한 것만 봐도 이러 한 사실을 알 수 있다.

혼히 쾌락을 추구하는 것과 이기적인 것이 함께 연상되 지만, 쾌락주의와 이기주의는 다른 개념이다. 쾌락을 수용 하면서도 충분히 이타적일 수 있다. 오히려 남의 쾌락을 나 의 쾌락보다 더 중시하는 것도 가능하다. 계몽주의 시대의 철학자들은 이기주의를 옹호한 사람들은 아니었다. 이들은 교회 제도를 비판적으로 보기는 했지만, 여전히 그들이 사 는 세상은 기독교적 영향 아래 있었다. 평등과 사랑이라는 가치가 녹아 있었기 때문에 그들의 사상은 이기적 쾌락주 의로 흐르지 않았다.

CHAPTER 5 | 현대

포화 속에 흔들리는
위기의 인간

"앞으로의 세계에서 인간과 동물의 차이는 점차 무의미해지고,
어제까지의 세계를 지탱해오던 도덕은
생존을 위한 장치 또는 경제적 구조의 파생물로 격하된다."

도전받는 인간 존엄,
부정당하는 이성

　개인의 탄생을 통해 우리가 품고 있는 인간다움에 대한 관념이 만들어지는 과정을 추적해보았다. 그리고 근대에 들어와 개인이 탄생하면서 공감, 이성, 자유가 어우러져 주목을 받고, 인간다움의 개념이 모습을 갖추게 되었음을 보았다.

　인간다움을 떠받치는 이성, 공감, 자유의 삼각편대에서 가장 먼저 공격의 대상이 된 것은 이성으로, 18세기 후반부터 드러내놓고 전면적인 공격을 받기 시작한다.

고대에 탄생한 이성은 근대에 개인이 탄생하면서 권위주의를 대체해 새로운 시대의 그림을 그리는 과업을 떠맡았다. 그리고 이성은 이러한 기대에 부응했다. 모든 이들이 자유를 누리면서 평등하게 사는 세계상을 만들어내고 있었다. 과학을 발전시켜 사람들의 수명을 연장하고 이전보다 더욱 윤택한 삶을 누리도록 이끌었다. 그런데 과학을 발전시키고 산업혁명까지 이어진 이후의 과정은 그렇게 순탄하지만은 않았다.

이성에 대한 회의감이 깊어지다

18세기 말에 활동한 영국의 시인 윌리엄 블레이크^{William} ^{Blake}는 『밀턴』이라는 예언서를 쓴다.[45] 이 책에는 「예루살렘^{Jerusalem}」 또는 「먼 옛날 저들의 발길은」이라는 시가 나온다. 이 시는 이후 잉글랜드의 비공식 국가로까지 불리게 된다.

먼 옛날 저들의 발길은
잉글랜드의 푸른 산 위를 거닐었나?
거룩하신 주의 어린양이

잉글랜드의 기쁨의 들판 위에 보였나!

그 성스러운 얼굴이
우리의 구름 낀 언덕에 빛을 비추셨나?
정말로 예루살렘이 이 땅 위에,
이 어두운 사탄의 맷돌들 사이에 세워졌나?

금빛으로 불타는 나의 활을 가져오라
나의 염원을 품은 화살을 가져오라
나의 창을 가져오라, 오 구름이 펼쳐지누나!
내 불의 전차를 가져오라!

나는 영혼의 싸움을 멈추지 않으리
나의 검도 내 손에서 잠들게 하지 않으리
우리가 잉글랜드의 푸르고 즐거운 땅에
예루살렘을 세울 때까지[46]

'사탄의 맷돌'은 제분공장을 의미한다. 이 시는 산업혁명의 암울한 결과를 경고하며 그에 저항해 싸우겠다는 의지를 다진다. 당시 영국과 유럽에는 산업혁명의 어두운 그림자가 내려앉았다. 아이들은 내버려져 고아가 되었고, 하층민은 노동에 시달리거나 매춘과 빈곤에 내몰리는 처참한 상황이었다. 이성이 개인의 존엄성에 기반한 이상적인 사회를 구성하고, 과학을 발전시켜 모두가 행복한 미래에 살 수 있을 것이라는 계몽시대의 분홍빛 꿈은 빛이 바래가고 있었다.

블레이크는 이러한 시대 상황 아래 『밀턴』을 썼고, 뉴턴을 지식의 상징이 아니라 악마의 상징으로 생각했다. 그는 자연과학과 인문학의 핵심을 이루는 이성을 '죽음의 나무'라고 불렀다. 기대를 모았던 이성은 희망보다는 절망의 전주곡이라는 인식이 확산되었다. 그와 대비해 감성에 호소하는 예술이 생명을 회복시키는 희망으로 기대를 모았다. 이성 대신 감성에 주목한 데 이어, 과학적으로 발전한 산업 사회 대신 가난했지만 경쟁 없이 서로를 도우며 지내던 중세의 목가적인 분위기를 그리워하는 분위기가 점점 더 고조되었다.

인간도 그저
동물의 일원일 뿐이다?

이런 시대적 분위기가 예술계에서는 19세기 낭만주의로 나타났고, 지성계 도처에서 유사한 반발이 나왔다. 이성이 가져다준 과학과 산업에 대한 회의감이 확산되면서 인간이 짐승과 구분되는 핵심적 차이점이 이성이라는 생각이 설득력을 잃어갔다. 다른 한편에서는 쾌락과 고통의 메커니즘을 통해 인간의 행위를 설명하려는 과학적 시도가 설득력을 높여가는 중이었다.

이런 흐름은 과거의 고매한 이성이나 공감이 아니라, 쾌락을 추구하고 고통을 피하는 동물적 본능의 틀을 통해 인간의 도덕을 설명하고자 하는 시도에 동력을 불어넣었다. 어떤 행위가 선한가 악한가는 쾌락을 증대하고 고통을 감소하는 데 어떤 기여를 하느냐로 결정된다는 것이 오늘날 말하는 '쾌락주의적 공리주의'다. 이러한 조류가 19세기에 확산된 것은 결코 우연이 아니다.

인간을 특별할 것 없는, 동물의 왕국의 일원으로 보는 관점은 다윈의 진화론에 의해 더욱 강화된다. 모든 생물종은 자신의 종을 번식하기 위해 환경에 적응해나가는 존재라는 것이 다윈 진화론의 기본적 생각이다. 환경에 잘 적응해 생물학적 특성들이 변화되면 살아남고, 그렇지 못하면 퇴화해 멸종한다.

『종의 기원』에서 다양한 생물에 대한 폭넓고 면밀한 관찰을 통해 진화론을 발전시킨 다윈은 『인간의 유래』에서 진화론적인 관점을 인간에게까지 확대한다. 인간이 다른 동물들에 비해 지능적으로 탁월한 것은 사실이다. 하지만 인간의 지능은 다른 동물의 지능과 정도에서 차이가 날 뿐 근본적으로 다른 형태의 지능을 소유했다고 볼 수 없다는 것이다. 그는 다음과 같이 말한다.

> 인간과 고등동물의 마음은 그 차이가 엄청난 것처럼 보이지만, 그것은 정도 차이일 뿐 근본적 차이가 아님이 분명하다. 감각, 직관 그리고 사랑, 기억, 주목, 호기심, 모방, 이성 등과 같이 인간이 자랑하는 여러 감정과 능력들은 하층 동물들의 초기 또는 잘 발달한 상태에서 발견되기도 한다. 늑대나 자칼과 달리 길들여진 개에서 볼 수 있듯이 이들 능력은 유전되며 개선되기도 한다.[47]

인간다움의 상징이었던 이성은
어쩌다 비판의 대상이 되었나?

독일의 철학자 프리드리히 니체Friedrich Nietzsche, 1844-1900는 진화론이 이성을 의심한 데서 한발 더 나아가 이성을 부정적인 것으로 묘사한다. 이성은 '왜?'라는 질문을 던지고 배후의 원리, 법칙 등과 같은 보편성에 의해 설명하고 정당화하는 능력이다. 니체는 보편성이라는 틀을 통해 상황을 바라보는 것 자체를 공격한다.

니체에 따르면 인간이란 자기만의 색채를 통해 세계를 바라보며, 개인의 고유한 틀 내에서 자기를 실현해나가는 존재다. 인간의 고유한 힘, 그리고 진정한 힘은 개별성, 개체성, 고유성에서 나오는데 이성은 일반적 원리 속에 인간을 묶어 놓아 그 생명력을 질식시킨다. 인간이 자신의 진정한 모습으로 돌아오려면 이성에서 해방되어야 한다고 니체는 주장한다.

니체는 보편성의 옷을 입고 나타나는 도덕을 더욱 신랄하게 비판한다.[48] 고대 사회의 기득권층은 자신들의 이익을 늘리기 위해 좋은 것과 나쁜 것을 구분하기 시작했다. 이 구분은 후에 도덕적 선악의 구분으로 발전하는데, 이때 과거의 전통적 구분에 피해를 받은 사람들의 원한이 작동한다. 원한은 보복의 감정을 낳으며, 기독교가 이러한 감정을 이용해 자신의 이데올로기로 발전시킨다는 것이다. 피해에 대한 물리적 보복보다 용서와 사랑이 더 숭고한 복수라는 생각을 주입함으로써 기독교적 도덕을 확산시켰다는 뜻이다. 용서와 사랑이라는 이념이 피해자들에게 정신 승리를 주는 것 같지만, 실제로 이는 기독교적 이념의 족쇄에 인간을 다시 가둘 뿐임을 주장한다.

고대에 태어나 근대 초기에 이르기까지 인간다움을 이

루는 귀중한 자산으로 인정받았던 이성은 이후 다각도에서 비판을 받는다. 지그문트 프로이트Sigmund Freud, 1856-1939는 인간의 행위와 삶을 지배하는 주요 동력을 이성이 아니라 성적인 본능에서 찾았고, 카를 마르크스Karl Marx, 1818-1883는 도덕과 이념의 근원을 인간의 이성이 아니라 경제적 구조에서 찾았다.

이처럼 현대에 들어오면서 이성에 의해 구성된 도덕의 체계가 인간을 다른 동물과 구분시켜준다는 기존의 생각은 여러 측면에서 도전을 받는다. 인간과 동물의 차이는 점차 좁혀지고, 도덕은 생존을 위한 장치 또는 경제적 구조의 파생물로 격하된다. 더 나아가 오히려 인간성을 잠식하는 산물로 비판을 받기도 한다.

니체의 망치가 내려친 곳에
공감의 자리는 없다

19세기에 들어와 전방위적 공격을 받은 것은 이성만이 아니다. 인간다움의 또 다른 요소로 보았던 공감, 연민, 이타심도 평가절하되기 시작한다. 앞서 보았듯 17~18세기의 계몽주의자들은 도덕과 윤리를 갖춤으로써 인간이 동물과 구분된다고 생각했다. 그리고 도덕이 어디서 오는가를 설명하는 과정에서 때론 이성에, 때론 연민, 공감, 동정심, 이타심과 같은 정서에 호소했다. 이제 타인의 아픔을 나의 것처럼 느끼는 정서마저 공격을 받는다면 윤리적 규범에 따라 서로를 배려하며 사는 데서 인간다움을 찾고자 하는 시도가 설 자리는 더욱 좁아진다.

공감의 평가절하에 동참한
진화론

진화론에 따르면 인간의 동정심, 이타심과 같은 정서는 환경에 적응하며 종을 번식시키는 과정에서 선택되어 발전한다. 모든 동물은 부모와 자식에 대한 애착과 같은 사회적 본능을 갖고 있다.[49] 사회적 본능의 가장 밑바닥에 자리한 애착은 "우리는 그 발전 단계에 대해서는 모를지라도, 대체로 자연선택에 의한 것이라고 추론할 수 있다". 이런 본능이 발전하면서 "동료들의 사회에 속하는 것에서 쾌감을 얻게 되고, 그들과의 공감을 어느 정도 얻게 된다"[50]. 공감이라는 능력도 결국은 자연선택의 산물이라는 생각이다. 다음은 다윈의 말이다.

인류에게 있어 이기심, 경험, 모방은 공감의 능력을 가중시킨다. 왜냐하면 우리는 타인에게 공감함으로써 친절한 행위를 하고, 이에 대한 보상을 받아 이득을 얻고자 하는 희망에 의해 행동하기 때문이다. 그리고 공감은 습관에 의해 강화된다. 이 느낌은 서로를 돕고 방어하는 모든 동물들에게 매우 중요한데, 그것이 얼마나 복잡한 방식으로 발생하였든 간에 자연선택에 의해 확대되었을 것이다. 왜냐하면 공감력을 갖춘 구성원을 가장 많이 포함한 공동체들이 가장 번성할 것이고 최대의 후손을 번식할 것이기 때문이다.[51]

인간의 문명이 발전하고 작은 부족들이 더 큰 공동체로 묶임에 따라 각 구성원은 자신의 사회적 본능과 공감을 개인적 친분이 없는 같은 국가의 모든 구성원에게 확장해야 한다는 단순한 이치에 도달한다. 일단 이 지점에 도달하면 인위적으로 막지 않는 한 공감은 모든 나라와 종족의 사람들에게 확대되게 마련이다.[52]

난처한 상황에 처한 사람들을 도와야 한다는 감정은 공감이라는 본능의 우연적 결과물이다. 공감은 본래 사회적 본능의 한 부분으로 획득된 후에 다정한 것으로 가공되어 널리 퍼져나간 것이다.[53]

공감, 연민 등 도덕과 관련된 감정들이 생물학적으로 해석되면 이들 도덕적 감정이 인간을 다른 동물들에서 떼어내 구분시키는 의미는 퇴색한다. 사실 다윈은 진화론을 이야기하면서도 여전히 인간의 윤리적 존엄함에 대한 의식을 갖고 있었다. 따라서 진화론이 인간의 존엄성에 대한 도전이 되지 않을 것이라 생각했다. 그러나 인간을 동물에서 진화한 존재로 보는 관점은 자체적 생명력을 갖게 되고 결국 인간의 윤리와 존엄함에 영향을 미친다.

망치를 든 니체,
기존의 도덕 체계를 모두 깨부수다

니체는 인간의 윤리를 정면에서 비판하는 데서 한발 더 나아가 도덕의 출발점이었던 감정마저 공격한다. 동정심은 겉으로는 이타적으로 보이지만 실제는 위장된 이기주의일 뿐이며,[54] 연민이란 타인에 대해 우월감을 느끼게 해주는 왜소한 자위책[55]이라고 주장한다. 이러한 주장의 바탕에는 그의 독특한 인간관, 즉 고통에 대한 디오니소스적 견해가 깔려 있다. 니체는 다음과 같이 말한다.

나는 악과 존재의 고통에 대해 비난의 손가락질을 하지 않는다. 오히려 삶이란 언젠가 더욱 악해지고 이전보다도 더 많은 고통으로 채워지리라는 희망을 품는다.[56]

엄청난 반전이다. 고통은 제거되어야 할 부정적 요소라

는 것이 일반적 생각인데, 니체는 인간이 근본적으로 고통에서 벗어날 수 없다고 주장한다. 인간의 삶은 근원적으로 고통이기에 고통을 존재의 조건으로 받아들여야 한다는 뜻이다. 고통은 때로 인간을 성장시키고, 자신의 개성을 찾아 탁월성을 이루도록 인도하는 긍정적인 것이다.[57] 고통과 갈등을 삶의 조건으로 기꺼이 받아들이고 이를 견뎌내고 극복하는 과정 자체를 수용할 때 인간됨과 만날 수 있다는 말이다.

니체에 따르면 고통을 덜고 쾌락을 증진시키려는 생각에서 출발하는 기존의 도덕에 속지 말고, 고통을 운명으로 받아들여야 한다. 그리고 고통에 굴하지 않고 힘을 키워나가는 존재로서 기성의 도덕과 계율을 넘어서는 초인(위버멘쉬, ubermensch)이 되고자 해야 한다. 고통을 연민하고, 이타적으로 도와주려 하며, 이런 이유에서 죄의식을 갖는 것은 실제로는 진정한 자신의 모습을 찾아나가는 것을 방해할 뿐이라는 게 그의 주장이다. 니체는 이렇게 기존의 사고와 도덕의 체계를 뒤흔드는 '망치를 든 철학자'임을 표방한다.

진정한 자유를 방해하는 자유

인간다움을 구성하는 근대적 자유 개념도 비판의 도마 위에 오른다. 자유의 핵심에는 외부의 간섭 없이 자신이 원하는 것을 추구한다는 생각이 놓여 있다. 인간의 자유는 존중되어야 하고, 국가는 개인의 삶에 대해 이래라저래라 해서는 안 된다는 것이다.

엥겔스는 자유의 이름 아래 운영되는 영국 사회를 비판한다. 그는 개인의 삶에 간섭하지 않는 소극적 자유를 강조한 결과 자본주의가 형성되었으며, 자본주의로 인해 심각한 문제들이 생겨났음을 개탄했다. 노동자들은 매일 열네 시간씩 일에 시달리고, 어린아이들이 노동에 동원되며, 판자촌 같은 빈곤 지대가 확산되었다는 것이다. 마르크스는 그 결과 자본을 가진 유산계급만이 시장을 독점했고 삶이 비참해졌음을 지적하며 다음과 같이 말한다.

> 부르주아는 종교적 열정과 기사도적인 열정, 그리고 세속적 감성들에 동반되는 모든 천상의 황홀함을 이기적 계산이라는 얼음물에 익사시켰다. 그리고 인격적 가치를 교환가치로 만들어버렸고, 버려서는 안 될 수많은 귀중한 자유들의 자리에 단 하나의 비양심적인 자유, 즉 자유로운 거래를 앉혔다. 한마디로 착취를, 벌거벗고 부끄러움을 모르는 직접적이고 가혹한 착취를 종교적·정치적 환상의 베일을 씌워 그 자리에 앉혀 놓았다.[58]

자유가 모든 개인에게 선물로 주어진 것 같지만, 사실은 외부의 간섭을 받지 않아 자유롭다는 환상을 가질 뿐이다. 실제는 부정의한 사회구조 속에서 부르주아bourgeois와 자본주의의 노예로 전락했다는 것이 마르크스의 생각이다. "노동자 대중은 산업적 군대의 사병으로 장교와 부사관들의 완벽한 계급 질서의 명령 아래 놓인다. 그들은 부르주아 계급과 부르주아 국가의 노예일 뿐 아니라, 매일 매 시간 기계, 감시자, 그리고 무엇보다도 부르주아 생산자들에 의해 노예화된다."[59]

그렇다고 물질적 풍요를 누리는 부르주아의 삶이 나아진 것도 아니다. 노동은 자아를 실현하는 가치를 갖고 있는데, 이런 의미는 잊혀지고 그저 자본주의적 상품이 됨으로써 프롤레타리아는 물론 부르주아에게도 진정한 가치가 소멸되었기 때문이다. 따라서 근대적 개인의 개별성과 자유는 축복의 대상이 아니라 폐지의 대상이다. "부르주아는 이러한 상태의 폐지를 개별성과 자유의 폐지라 부른다. 맞다! 부르주아적 개별성과 부르주아적 독립성, 그리고 부르주아의 자유의 폐지가 명확한 목적이다."[60]

마르크스는 자유를 그저 사회악으로 간주하고 폐기했을까? 그것은 아니었던 것으로 보인다. 그는 근대의 자유주의에서 생각한 불간섭이라는 소극적 의미의 자유보다는 두터운 자유 개념을 염두에 두고 있었다. 사회는 구성원에게 간섭받지 않고 자신의 행동을 선택할 자유, 즉 소극적 자유를 제공하는 데에 머물러서는 안 된다는 것이다. 소극적 자유가 보장된다 하더라도 자본주의 체제 아래에 놓인 노동자는 제도의 노예가 되어 자신의 삶을 자유롭게 구상하지 못한다. 또한 자신의 삶을 꿈꾸고 스스로 꾸려나가는 주도권, 통제권을 갖지 못한다. 그러니 자신의 삶에 대한 자율적 통제권이라는 의미의 적극적 자유·자율이 보장되는 환경을 제공해야 한다는 것이 마르크스의 주장이다. 마르크스는 자본주의 경제 체제에서 노동자들을 해방시켜 진정한 의미의 자유를 보장하는 개혁 또는 혁명이 필요하다고 생각했다.

진화론은 인간다움을
어떻게 정의하는가

근대에 들어와 인류의 미래를 밝혀줄 등불로 부상되었던 이성, 공감, 자유가 19세기에는 도처에서 공격을 받았다. 앞서 다윈, 니체, 마르크스를 통해 공격의 양상을 살펴보았다. 인간다움의 구성요소에 대한 공격은 근대에서부터 형성된 계몽주의적 흐름에 대한 일시적 반발이었을까? 아니면 이 흐름이 아직도 살아남아 우리의 생각에 영향을 미치고 있을까?

이것을 알아보기 위해 우리 마음을 들여다보자. 인간

은 동물과는 다른 존재고 동물에게 없는 어떤 품성을 갖고 있으며, 거기에 인간다움이 있다는 생각이 자리 잡고 있다. 그와 동시에 알고 보면 인간도 동물과 같은 존재라는 생각 역시 우리 마음속에 들어 있다. 인간이 도덕적인 척하는 것은 남들에게 인정받음으로써 자신의 실속을 챙기려는 방편일 뿐, 그리 대단할 것 없다는 (전통적인 관점에서 보면) 냉소적 주장에 대해 어떻게 생각하는가? 실상 마음 한구석에서는 고개를 끄덕이기도 한다. 인고의 시간을 거쳐 어렵사리 만들어진 인간다움의 유산이 공고히 자리를 잡지 못하고 있다. 인간다움에 대한 공격이 확산되어 우리를 인지 부조화의 상황으로 몰아가고 있다.

인간의 윤리 의식은
종의 보존을 위한 도구일 뿐인가

진화론은 유전학과 결합하면서 더욱 영향력을 확대해 갔다. 환경에 적합한 특성들이 자연에 의해 선택되고, 그 특성이 유전자라는 매체를 통해 후세에 전달되어 종의 보존에 기여한다는 스토리는 진화론의 설득력을 더욱 높여주었다. 적자생존을 추구하는 기본 단위를 생물학적 개체가 아닌 유전자로 보는 견해가 지배적이 되면서[6] 유전학과 결합한 진화론은 생물학의 큰 대세를 이룬다.

유전자 풀(인간의 특성을 이루는 고유 유전자들의 집합)은 선조에서 후손으로 이어지는 생식의 과정을 통해 면면히 유지된다. 인간의 유전자 풀은 인간의 다양한 개체들을 구성하는데, 진화는 이 유전자 풀을 유지하는 방향으로 진행되며 인간이라는 개체는 유전자 풀을 유지하기 위한 도구로 이해된다. 유전자 풀은 다양성을 생명으로 한다. 다양한 유전자들이 있어야 이들의 조합에 의해 다양한 개체가 구성되기 때문이다. 그래야 변화하는 환경에 적응할 수 있고, 환경에 더욱 효과적으로 대응하는 천재도 돌연변이에 의해 만들어질 수 있다.

진화론적인 사고는 생물학 내에 머물지 않고 대중들의 사고에 깊이 스며든다. 진화론을 받아들이는 것은 하나의 과학이론에 대한 믿음 이상의 의미를 갖는다. 오늘날 진화론을 받아들이는가 아닌가는 단순히 하나의 과학적 이론을 수용하느냐 아니냐의 문제가 아니다. 이는 보수적인 기독교적 전통을 받아들이는지 아니면 진보적 문화를 받아들이는지를 가늠하는 정치적·사회적 성향에 대한 척도로 작용한다. 진화론은 이렇게 이념화되어 대중문화의 한 줄기를 이룬다.

더욱 주목할 것은 진화론을 옹호하는 현대 지식인들의 경향이다. 진화론이 생명체를 주제로 하다 보니 진화론을 전공한 과학자들이 인간의 본성과 윤리에 대해 이야기하게 된다. 특히 진화론에서 설명하는 인간의 기원이 기독교와 충돌하면서 더욱 대중의 관심을 끌게 되었다. 진화론에 대한 탁월한 연구자로서 대중들과 열성적으로 호흡한 대표적 학자는 에드워드 윌슨Edward O. Wilson과 리처드 도킨스Richard Dawkins다.

윌슨, 인간은 다른 동물과 진화의 정도만 다를 뿐이다

개미연구가로 알려진 사회생물학자 윌슨은 진화론의 관점을 사회 현상에 적용해 진화론의 영역을 더욱 확대한 학자다. 다윈의 『종의 기원』과 『인간의 유래』는 진화론자들에게 복음서와 같은 역할을 하면서 현대의 다양한 진화론자들이 주장하는 포괄적 그림을 제시했다. 동물들의 사회적 행동을 진화론의 틀을 통해 설명하는 윌슨 이론의 기본적 틀도 역시나 다윈의 이론에 근거한다. 하지만 윌슨은 추정적으로 제시된 사회적 행위를 다양한 실험을 통해 구체적이고 경험적으로 입증했다. 에드워드 윌슨은 다음과 같이 말한다.

인류는 다른 종들로부터 진화한 한 종으로서 자연의 일부다. 다른 생명체들과 우리 자신을 더 가깝게 동일화하면 할수록 우리는 더 신속히 인간 지각의 근원을 발견할 수 있다. 또한 진화가 선호하는 방향성에 대한 지각, 즉 지속적 윤리가 어떤 기반 위에 형성되었는지를 알 수 있다.[62]

인간이란 근본적으로 다른 종에서 진화한 존재다. 인간을 포함한 모든 존재는 진화의 단계에서 어디에 위치하는지만 다를 뿐 근본적 차이가 없다. 그렇다면 인간의 윤리도 다른 종들에게서 인간을 근본적으로 구분시켜주는 고유의 특성이 아닐 수 있다. 그보다는 진화의 단계에서 진화에 도움이 되는 장치로 선택되어 발전한 것인지도 모른다.

윌슨은 "집단 내에서 이기적 개인들은 이타적 개인들을 이기지만, 이타적 개인들의 집단은 이기적 개인들의 집단을 이긴다. 지나친 단순화의 위험이 있지만, 개체의 선택이 죄를 조장했다면 집단의 선택이 덕을 조장했다."[63]라고 말한다. 개인의 차원에서 분별없이 탐욕을 따르면 생존에 도움이 안 되므로, 그것을 막기 위해 죄의 개념이 발달했다는 것이다. 그리고 집단의 생존에 도움이 되는 장치로 '애국심', '정직함', '배려' 등의 덕목이 선택되었다는 게 윌슨의 생각이다.

도킨스, 유전자는 자신을 복제하기 위한 최선을 택할 뿐이다

『이기적 유전자』의 저자 리처드 도킨스 역시 진화론을 대중화한 대표적 인물이다. 그에 따르면 세계는 어떤 목적에 의해 설계된 것이 아니다. 물질들이 이합집산을 한 결과 생명체의 유전자가 생겨나고, 이 유전자는 주어진 우연적 환경 아래서 자신을 복제하기 위한 최선의 길을 택한다. 그는 다음과 같이 말한다.

> 우리는 생존 기계, 즉 유전자로 알려진 이기적 분자를 보존하기 위해 맹목적으로 프로그램된 로봇 장치다. 이 진리가 항상 나를 경외감으로 감싼다.[64]

진화론적인 자연계의 질서에서는 세계를 설명하는 과정에 어떤 지적인 설계자(예를 들어 신)의 의도가 개입할 여지가 없다. 또한 사물이 자신의 타고난 본성을 갖고 그것을 실현하기 위해 움직인다는 식의 목적론도 설 자리가 없다. 도킨스 역시 이타심은 진화의 산물이라는 생각을 유지하면서 인간의 윤리와 법도 진화의 과정에서 형성된 것으로 보았다. 그는 우리가 법과 윤리를 인간에게만 적용하고 다른 동물에겐 적용하지 않는 이유에 대해 이런 주장을 한다.

진화의 계열상 인간과 다른 동물들 사이에 있었던 많은 종이 멸종하면서 인간과 동물 사이에 불연속이 있는 듯한 착시를 일으킨다. 그리고 이것이 다시 인간만이 특별한 존재라는 착각을 일으킨다.[65]

윤리와 도덕에 의해 인간이 다른 동물과 구분되는 특수한 존재가 된다는 생각은 인간종 중심주의적인 편협한 사고라는 뜻이다.

인간의 가치에 대해
진화론이 놓친 것은?

윌슨과 도킨스, 그리고 많은 진화론자가 인간의 신체뿐 아니라 마음과 생각도 종의 보존을 위해 진화 과정에서 선택되었다고 주장한다. 사실 인간을 다른 동물들과 진화의 연속선상에 있는 것으로 보는 관점에는 여러 장점이 있다. 인간의 오만함에 경종을 울려 다른 종들 및 환경과 조화를 이뤄 살아야 한다는 자연주의적 사인을 인간에게 보낸다. 그러나 진화론의 의미를 과대평가하는 것은 주의할 필요가 있다.

인간이 다른 동물들에서 진화되었다는 전제를 근거로

인간은 결국 생존을 위해 먹을 것을 찾아 헤매며, 쾌감을 추구하고 고통을 피하는 본능에 의해 지배되는 생명체 이상도 이하도 아니라는 식의 결론으로 비약해서는 안 된다. 이렇게 생각하기 시작하면 인간의 의미, 가치, 윤리 등에 대한 의식도 결국은 본능을 만족시키기 위한 그럴듯한 겉치레에 불과하다는 생각으로 이어질 수 있다. 그렇게 되면 윤리적 규범을 구성해 공존의 사회를 추구하는 모습에서 인간의 고유성과 인간다움을 찾는 시도는 허망해 보일 수밖에 없다.

우리는 이런 질문을 던져야 한다. 인간이 다른 동물들과의 연속선상에 있다는 전제에서 인간이 동물일 뿐이라는 결론을 끌어내는 것은 정당한가? 동물과 인간의 차이가 먹이를 찾고 짝짓기를 하는 과정에서 나타나는 영리함의 정도 차이에 불과한가? 혹시 양적 차이가 커지던 어떤 순간에 질적 차이가 나타난 것은 아닌가? 그런데도 진화라는 동일선상에 있다는 생각 때문에 이런 중요한 차이를 놓치고 있는 것은 아닌가?

인간다움은
생물학의 울타리를 넘어선다

다윈은 사회적 가치들이 진화의 산물이라고 해서 그들이 단지 생물학적 현상일 뿐이라고 생각하지 않았다. 그는 인간의 윤리가 집단의 선택에 의해 진화적으로 서서히 발전되어 퍼졌을 것이라 생각했다. 그럼에도 인간이 윤리를 가짐으로써 다른 동물들과 존엄하게 구분된다는 사실을 부정하지 않았다.[66] 인간만이 자신의 과거 행위와 동기들을 되돌아보고 평가하며, 이를 미래의 행위와 비교 평가해 행위를 결정한다. 다윈은 어떤 다른 동물도 이런 능력을 갖지 못한다는 것을 지적했다.[67] 행위를 평가하고 결정할 때 윤리가 작동하며, 이러한 윤리적 고려가 때로는 진화의 원리에 반해서 작동하는 경우도 있음을 인정했다. 다윈은 이렇게 말한다.

> 우리 문명화된 사람들은… 도태의 과정을 중단시키기 위해 최선을 다한다. 우리는 정신지체자, 불구자, 병자들을 위해 병원을 세운다. 가난한 자들을 위한 구호 입법을 하고, 의료 인력들은 모든 사람의 생명을 마지막 순간까지 지키기 위해 최선을 다한다. 백신접종은, 허약한 정부 아래서 천연두에 감염되어 죽었을 수도 있는 수천 명의 생명을 보존해주었다. 따라서 문명화된 사회에서 약자들은 자신의 후손을 번식한다. 가축의 생육에 주목한 사람이라면 이런 일들이 인간종에게 매우 해롭다는 것을 의심하지 않을 것이다. 돌봄이 없거나 잘못 시행되면 가축종은 놀라울 정도로 빨리 도태된다. 그러나 인간을 제외하고는, 최악의 구성원이 종을 번식하도록 용인할 정도로 무지한 그런 동물종은 없다.[68]

진화론적 설명의 과도한 확대

그러나 이후의 진화론자들은 다윈의 통찰을 공유하기보다 인간을 진화론의 틀 속에서 완결적으로 설명하려는 경향을 보인다. 예를 들어 윌슨은 윤리의 근원이 생물학적인 데 있다는 전제로부터 윤리 자체가 생물학적인 현상이라는 생각으로 자연스럽게 넘어간다. 이와 관련해 그는 이렇게 말한다.

생리학과 진화의 역사에 관심 있는 생물학자라면 자기에 대한 지식이 시상하부 hypothalamus 와 대뇌변연계 limbic system 에 있는 감정 조절 센터에 의해 통제되고 형성된다는 것을 깨닫고 있다. 이 센터들은 우리의 의식을 증오, 사랑, 죄의식, 두려움 등 온갖 감정들로 가득 채우는데, 윤리철학자들은 이 감정들을 참조해 선과 악의 기준을 통찰한다. 우리는 다음과 같이 묻지 않을 수 없다. 무엇이 시상하부와 대뇌변연계를 만드는가? 그들은 자연선택에 의해 진화한 것이다. 그 단순한 생물학적인 진술의 의미를 낱낱이 밝혀 인식론과 인식론자까지는 아니라 해도 윤리학과 윤리철학자들을 철저히 설명해야 한다.[69]

마지막 문장에 주목할 필요가 있다. 진화론적인 과정을 통해 감정을 통제하는 기관들의 작동방식이 결정되고 바로 그 지점에서 윤리학자들의 선악 구분의 이론이 만들어진다. 그러니 이 과정만 철저히 서술하면 윤리학이 어떻게 구성되는지 설명 가능하다. 윌슨은 "과학은 곧 모든 윤리적 판단과 정치적 관행의 근간이 되는 인간의 가치들이 어디서 발생하며 어떤 의미를 갖는가를 탐구할 수 있는 위치에 도달할 것이다."[70]라면서 "윤리학이 철학자들의 손에서 잠시 벗어나 생물학화할 때가 되었다."고 주장했다.[71]

윤리학과 윤리철학자들의 행위가 생물학적으로 설명되어야 한다든가, 윤리학이 철학자의 손을 떠나 생물학자에게 맡겨져야 한다는 주장은 선정적일 뿐 설득력이 없다. 한 주장이 어떤 연유로 만들어졌는가 하는 문제는 그 주장이 정당한가를 평가하는 문제와는 전혀 다르다.

예를 들어 농촌에 지역구를 둔 국회의원이 농업지역 진흥을 위한 법안을 제안했다고 하자. 지역 주민들의 호감을 사서 재선하는 데 도움이 되고자 하는 동기가 작용했을 것이다. 그런 동기에서 법안이 제안되었다는 이유로 그 법안이 잘못되었다고 한다면 이는 정당하지 못하다. 법안의 정당성은 그 법안이 실제로 농업지역 진흥에 도움이 되는가에 대한 근거를 평가해 결정되어야 한다.[72]

마찬가지로 진화론적인 연원이 어떤가 하는 것은 윤리적 입장의 정당성과 무관하다. 진화에 도움이 되는 윤리적 주장이 정당하지 않을 수 있고, 진화에 도움이 되지 않는 주장이 정당할 수도 있다. 진화론적인 연원을 밝히는 생물학적인 탐구가 윤리학을 대체할 수는 없다. 윌슨 식의 주장이 갖는 문제점을 좀 더 세밀하게 살펴보자.

생물학적인 현상으로 나타난 진화의 결과들은 단지 생물학적인 현상일 뿐인가? A에서 생겨난 것이 A가 갖는 의미 이상의 새로운 가치를 가질 수 있다. 사랑을 예로 들어보자. 과학자들은 사랑이 도파민, 페닐에틸아민, 옥시토신과 같은 호르몬의 작용에 의한 이끌림으로 시작된다고 한다. 로미오와 줄리엣도 서로를 사랑해서는 안 되는 줄 알면서도 호르몬 때문에 사랑에 빠진다. 이성적으로 매우 좋아해도 호르몬이 작동하지 않으면 사랑이 발동하지 않는다. 그렇다고 해서 호르몬의 작용에 의한 이끌림이 사랑의 모든 것이라고 할 수 있을까?

사랑은 상대방에 대한 헌신과 충성을 포함한다. '사랑한다'는 고백을 하면 '바람을 피워 당신에게 상처주는 일은 하지 않겠다'는 약속을 따로 하지 않아도 된다. 사랑의 고백에는 그런 약속까지 포함되어 있기 때문이다. "당신을 사랑하지만, 바람을 피워 당신에게 상처를 주는 일도 있을 겁니다."라고 말하는 사람이 있을까? 그렇다면 그는 사랑이 뭔지 모르는 사람이다.

이런 신뢰와 헌신, 충성은 호르몬 분비와 무관하다. 낯선 사람을 보고 갑자기 호르몬이 분출했다고 해서 그 낯선 사람을 더 사랑했다고 할 수는 없다. 또한 배우자나 파트너를 배신했다고 할 수도 없다. 호르몬이 더 이상 나오지 않는 노부부가 서로를 보듬어주고 아끼며 사는 모습을 보고, 그것이 사랑이 아니라고 누가 말할 수 있겠는가? 사랑은 호르몬으로 시작될지 모르나 거기에만 머물지 않는다.

종의 보존이 선악의 최종 기준이 될 수 없는 이유

발생과 관련된 측면이 생물학적 진화일 경우에도 마찬가지다. 인간의 삶과 윤리가 진화에 의해 발전되었다 해도 단지 그것뿐인 것은 아니다. 유전자 풀을 유지하기 위해 인간 개체가 만들어지고 죽어서 다시 그 풀로 돌아간다 해도, 인간이 유전자 풀을 유지하는 수단일 뿐이라고 말할 수 있을까? 이런 식의 주장은 인간의 윤리는 말할 것도 없고, 인간의 생명을 무가치한 것으로 해석하게 만든다.

생명의 진화를 이야기하는 사람들 중 상당수는 열역학 제2법칙이 그 근원이라고 생각한다. 자연계의 모든 사물은 무질서(엔트로피)를 증대시키려는 자연적 성향을 갖고 있다는 것이 이 법칙의 핵심이다. 방향제가 효과를 보는 이유는 향기를 내는 입자가 병 안에 질서 있게 머물지 않고, 사방으로 흩어져 무질서해지려는 성향 때문이다. 그래서 부채

질로 입자를 날려 보내는 노력을 하지 않아도 향기가 방 안에 퍼진다. 애써 만든 모래성은 기회만 있으면 무너져 내리려 한다. 바람이 불어도 좋고 파도가 치면 더 좋다.

엔트로피가 이동하는 과정에 생명체가 형성된다. 생명체는 그 자체로 안정된 모습을 유지하는 존재이며, 엔트로피가 낮아 자연계의 원리에 반대되는 상태다. 이런 이유로 외부에서 무질서한 에너지를 흡수해 자신의 안정성을 유지하는 모습으로 개체성을 유지한다. 이것이 바로 생명이다.

이렇게 무질서가 증가하려는 자연의 자연스러운 움직임에 부딪히며 개체성을 유지하는 단위로 형성되는 생명체를 어떻게 보아야 할 것인가? 단지 입자들의 이합집산이 우연히 산출한 조합으로만 볼 것인가? 그렇게 형성되었지만 단지 입자들의 이합집산 이상의 가치, 즉 생명이라는 가치를 지닌 존재로 볼 것인가?

생명에 대한 우리의 태도를 보자. 우리는 살인죄를 엄격히 다루는 문명을 갖고 있다. 이런 차원에서 볼 때 생명은 열역학 제2법칙에 따른 입자들의 운동의 산물로 형성되었으나 그 이상의 가치가 있음이 틀림없다. 이러한 사실은 인간의 윤리가 진화의 결과로 만들어졌으므로 '진화적 산물 이상도 이하도 아니다'라는 결론을 도출해서는 안 됨을 보여준다. 그런 식으로 이야기한다면 똑같은 이유로 인간의 생명도 엔트로피 운동 이상도 이하도 아니라고 이야기해야 한다. 그러나 이는 받아들일 수 없는 주장이다.

윤리적 판단을 보자. 윤리학을 생물학화한다는 윌슨의 말은 무슨 의미일까? 어떤 것에 호의를 갖거나 적의를 갖는 감정들이 진화적으로 선택되는 과정을 서술하고, 그에 따라 선악 판단이 선택되는 과정을 서술하면 더 이상 윤리와 도덕에 대해 이야기할 것이 남아 있지 않다는 뜻이다. 선악 판단이 형성되는 생물학적인 과정을 서술하면, 더 이상 윤리학이 할 일이 없다는 말이다.

이 입장은 전혀 설득력이 없다. 이 입장에 따르면 살인에 호감을 갖고, 이타적 행위에 적대감을 갖도록 신체 기관이 작동하는 사이코패스를 도덕적으로 비난할 근거를 찾을 수 없다. 그의 시상하부와 대뇌변연계가 일반적인 사람들과 다르게 작동한다는 것이 생물학적인 서술의 전부다. 이처럼 사이코패스가 비도덕적임을 설명 못 하는 이론은 가치가 없다.

종의 보존에 도움이 되는 방식으로 작동하는 감정과 그에 따른 행동은 선한 것이고, 그렇지 않으면 악하다는 전제가 포함되면 사이코패스의 감정과 행위가 잘못되었다는 판단을 도출할 수 있다. 말하자면, 종의 보존에 기여하는가 여부가 모든 선악 판단의 정점에 있다는 가정을 하는 것이다. 이 가정이 도입되면, 어떤 행위가 선한가 악한가는 그 행위가 종의 보존에 도움이 되는가 아닌가 하는 생물학적 서술에 의해 결정된다. 아니나 다를까 윌슨은 인간 유전자가 공통의 유전자 풀의 형식으로 생존하는 것이 근본적으로 중요한 최상의 가치임을 시사한다.[73] 문제는 윌슨이 생각하는 최상의 가치가 설득력이 없다는 점이다.

앞서 다윈 이야기를 하며 언급했던 것처럼 인간은 종의 보존에 도움이 되지 않는 수많은 이타적 행위를 한다. 예를 들어 장애나 병약한 환자를 돕는 등의 행위를 하며, 이는 윤리적으로 선한 행위로 인정받는다. 만약 한 이론이 이러한 행위를 선하지 않은 것으로 규정한다면, 그 이론은 잘못된 것임에 틀림없다. 윌슨이 생각한 대전제, 선악의 최종 기준점이 종의 보존이라는 그 생각이 바로 이런 문제를 갖고 있다.

인간의 감정은 생물학의 울타리를 넘어 인간다움으로 이어진다

지금까지 지적한 문제점들이 한결같이 보여주는 것은 무엇인가? 윤리를 포함한 사회적 현상을 진화론적 관점에서 해석할 때 과장해서는 안 된다는 것이다. 진화론은 공감 또는 연민 같은 감정(또는 그것을 담당하는 기관)이 종의 보존을 위해 자연에 의해 선택되었다는 것을 밝혀 사회 현상에 대한 이해의 폭을 넓혀주었다.

공감과 연민이 윤리의 형성과 밀접하게 연관되어 있음은 이전의 철학자들이 이미 받아들인 사안이다. 진화론은 이 감정들이 생물학적 기원을 갖고 있음을 보여줌으로써 인간에 대한 이해를 한 단계 업그레이드시켜주었다. 진화론이 던지는 시사점이 있다면 거기까지다. 거기서 더 나아가 생물학이 윤리학을 대체할 수 있다고 생각하는 것은 명백한 비약이고, 정당화될 수 없는 추론이다. 공감과 연민이 생물학적인 연원을 갖고 있을지는 모르지만, 이 감정들이 윤리적 판단으로 이어지는 과정은 종의 보존이라는 생물학적 울타리에 제한되지 않는다.

1장에서 보았듯이 이 과정에는 이성이 개입한다. 다시 말해 윌슨의 오류는 이성의 개입을 간과함으로써 이성을 적절히 대접하지 못한 데 있다. 이를 다시 인간다움과 관련지어 이야기해보자. 인간다움은 공감과 연민에 의해 촉발되고 이성에 의해 수송되어 만들어진다. 이 과정에서 생물학의 울타리를 넘어서기 때문에 인간다움은 생물학에만 국한되어 논의될 수 없다.

이성에 대한 반발,
반이성주의의 비극

　　이성에 반기를 든 니체의 철학은 국내외에서 꾸준히 영향력을 발휘하고 있다. 정확한 통계가 나와 있지는 않지만, 개인적 경험으로는 니체가 국내에서 가장 많이 읽히는 서양철학자이지 싶다. 그의 사상은 철학 외에 예술과 대중문화에 관심이 있는 사람들에게도 널리 읽힌다. 일반적 진리에 묻혀 빛이 바랠 수 있는 개인의 고유성을 강조한다는 점이 개성의 표현을 중시하는 예술인들의 취향과 잘 부합했으리라 여겨진다. 더군다나 주류 전통과 정면으로 맞서는 동시에 예술을 진리로 향하는 통로라고 극찬한 니체의 철학은 예술가들에게는 가뭄 속의 단비와 같았을 것이다.

인간성 회복의 이름으로
확산하는 반이성주의

예술가들에게 주로 읽히던 니체가 이후 문화적 흐름에 폭넓게 영향을 미치게 되는 과정에는 하이데거^{Martin Heidegger,} ¹⁸⁸⁹⁻¹⁹⁷⁶가 중요한 역할을 한다. 하이데거가 『니체』라는 저작물을 출간한 것이 주류 철학자들이 니체를 주목하기 시작한 계기가 되었기 때문이다. 이후 하이데거의 철학이 실존철학에 막대한 영향을 미치면서 니체의 영향권은 더욱 확대된다. 사실 하이데거는 실존주의라는 표현을 자신에게 적용하는 것을 좋아하지 않았다. 그러나 그가 실존철학의 효시라고 할 수 있을 만큼 실존철학의 형성에 결정적인 영향을 미친 것은 누구도 부정할 수 없는 사실이다.

사르트르^{Jean Paul Sartre}, 카뮈^{Albert Camus} 등에 의해 알려진 실존철학은 문학과 철학을 넘나들며 문화비평의 한 줄기를 형성했고 사회와 폭넓게 교류했다. 진정한 인간성을 회복하는 길은 개인의 개별성, 고유성, 주체성을 찾아나가는 것이라는 니체의 사상은 이들의 공감을 얻으며 더욱 널리 퍼져 대중들에게 영향을 미친다.

실존철학은 다시 현대에 들어와 문화 및 문명 비판의 중요한 조류가 되고 포스트-모더니즘으로 이어지면서 그 영향권을 더욱 넓혀간다. 이러한 이유로 오늘날 이성을 비판하는 많은 지식인 사이에서 니체는 가장 많이 인용되는 철학자로 자리를 잡고 있다. 또한 인간의 본성이 이성에 있기보다 '힘에의 의지'로 대변되는 본능적인 측면에 있는 것으로 보는 니체의 사상은 이후 프로이트에게도 영향을 미친다.

니체는 실존철학, 포스트-모더니즘, 정신분석학이라는 다양한 가지를 통해 영향을 확대해나간다. 이러한 시대적 배경 때문에 니체의 영향은 철학자들에 국한되지 않고 시인, 소설가, 음악가, 심리학자, 신학자 등 넓은 범위를 포괄한다. 오히려 니체의 영향력은 문학인과 예술인들을 통해 철학으로 확산된 측면이 있다.

니체의 철학 저변에는 인간의 삶이란 차가운 이성에 의해 포착되는 논리적 구조나 일반적 법칙에 있지 않다는 생각이 깔려 있다. 다시 말해 개별적 환경에서 자신의 욕구와 부단히 부딪히며 자신을 실현해가는 생명력이 삶의 본질을 이룬다는 것이다.

이런 점에서 니체의 사상은 인간을 동물의 한 종으로 이해하며 생존이라는 측면부터 이해하고자 한 진화론과 맥을 같이 한다. 이성을 통한 인간중심주의에 대한 반발을 과학 분야에서는 진화론이 강화시켰고, 인문과 예술 분야에서는 니체를 통해 확산되었다.

이성과 근대적 개인관에 대한 비판은 실은 이성과 개인의 존엄이 대두되던 계몽시대부터 있어 왔다. 프랑스 혁명 당시 왕정을 옹호했던 조제프 드 메스트르는 이성에 중점을 둔 계몽주의가 초래한 프랑스 혁명이 결국 폭력적인 결과를 가져왔음을 지적하며 왕정복고를 주장했다.

메스트르는 프랑스 혁명의 근간이 되었던 계몽주의의 인본주의에 동의하지 않았다. 즉 개인은 누구도 해칠 수 없는 자유권을 지닌 존엄한 존재이고, 정치제도는 보편적 인권을 지닌 개인들에 의해 민주적으로 구성되어야 한다는 생각에 동의하지 않은 것이다. 그는 '인간됨humanity' 또는 인간 일반이라고 하는 것은 열정에 사로잡힌 과열된 철학적 상상의 허구일 뿐이라 여겼다. 그리고 인간 그 자체라는 것은 존재하지 않는다고 주장했다.[74] 보편적 인권, 그리고 그것을 깨닫게 해주는 이성을 상정하고, 그에 근거해 합당한 민주적 제도를 구성하고자 하는 계몽주의는 출발점부터 잘못되었다는 게 메스트르의 주장이다.

'신은 죽었다'는 니체의 외침이
의미하는 것은?

니체와 메스트르 모두 근대적 이성을 비판했다. 메스트르는 혁명적 가치관을 비판해 과거의 왕정으로 돌아갈 것을 주장한 보수주의자였다. 그와 달리 니체는 어떤 의미에서도 보수주의자가 아니었다. 그는 계몽주의자들보다도 더 과거와 극단적으로 이별하고자 했다.

그가 "신은 죽었다."고 외치며 중세의 기독교를 공격한 이유는 기독교가 기득권 지배자들을 위한 도구였기 때문만은 아니다. 기독교든 다른 무엇이든 간에 보편적 가치를 추구하는 것 자체가 개인의 진정성을 질식시키는 질곡과 같은 것이라 여겼기 때문이다. 이런 관점에서 보면 개인의 존엄을 보편적 가치로 내세우는 근대 계몽주의의 윤리도 개인의 진정성을 질식시키기는 마찬가지다. 니체가 이성을 비판하는 이유도 바로 여기에 있다. 이성이란 보편적 원리를 만들어내는 원흉이기 때문이다.

이처럼 보수주의자인 메스트르와 보수주의를 거부하는 니체가 계몽주의적 이성을 공격한 이유는 달랐다. 그렇다면 그 결과도 달랐을까? 계몽적 이성은 독단, 아집, 미신 등으로 얼룩진 과거의 권위주의적 전통에 대한 저항을 특징으로 한다. 메스트르를 필두로 하는 보수주의자들은 이러한 계몽 이성에 저항하면서 권위주의 왕정으로 돌아갈 것을 주장했다.

이와 달리 니체는 왕정으로 돌아가자고 주장하지 않는다. 왕정으로의 복귀는 왕 또는 귀족층에 의해 강압적으로 주어지는 윤리에 대한 복종을 수반한다. 전통을 부수는 '망치를 든 철학자'가 이런 형태의 회귀를 옹호할 리 없다. 그렇지만 이성을 공격한 니체의 사상이 왕정은 아니라 해도 결국 다른 형태의 권위주의로 이행하게끔 촉발하지는 않았을까?

매력적이고 파괴적인 니체의 저술 스타일은 많은 관심을 불러일으켰다. 동시에 그의 글은 은유, 상징, 비유로 가득 차 있어 다양한 해석을 가능하게 한다. 그래서인지 니체의 사상은 이후의 다양한 흐름, 심지어 상반되는 흐름들에 영향을 준다.

첫 번째로 주목할 것은 파시즘의 한 형태인 나치즘과의 연관성이다. 1933년 정권을 장악한 히틀러가 니체에 관심을 갖고 있던 터에 바이마르에 있는 니체 기록물보관소를 방문한다. 나치즘과의 연관성은 여기서 비롯된 것으로 보인다. 당시 그 지역의 주요 행정직을 맡고 있던 니체의 여동생 엘리자베스는 니체의 저술 내용을 숨기고 변형시킨다. 마치 니체가 독일의 국가주의자이고 반유태주의자였던 것처럼 포장해 히틀러를 영접한 것이다. 이 일을 계기로 니체는 사후 나치에 의해 국가철학자로 추대된다. 사실 니체는 반유대적이지도 않았고, 파시즘이 대변하는 권위주의적 전체주의자는 더더욱 아니었다. 그렇다면 왜 히틀러는 니체에 관심을 가졌을까?

이성이 사라지면
무엇으로 폭압을 막을 수 있나?

파시즘은 19세기 말에서 20세기 초 뒤숭숭한 시대적 분위기 속에서 탄생했다. 앞서 보았듯이 19세기 후반기는 소위 세기말Fin de siècle로, 자유와 민주주의, 자본주의의 결과로 많은 문제가 노출된 시대였다. 그래서 19세기 말은 허무주의적 분위기가 팽배했다. 20세기 초입의 전환기에는 어땠을까? 한편에서는 무정부주의가 세력을 떨치는가 하면, 다른 한편에서는 사회주의 혁명이 진행되는 등 유럽 전체적으로 혼란스러운 상황이었다.

이러한 혼란 상황은 1927년에 시작된 미국발 대공황이 유럽에 영향을 미치며 극도의 한계상황에 이른다. 당시 이탈리아는 산업화에 뒤처진 터라 콤플렉스를 갖고 있었다. 그런 이탈리아에서 뿔뿔이 흩어진 민족을 중심으로 응집해 유럽의 선봉에 서자는 호소력 넘치는 구호를 내세운 정당이 대두된다. 이들은 개인보다는 민족을 앞세우고, 이성보다는 민족에 헌신하는 영혼을 강조한다.

국민적 지지를 얻게 된 정당은 자유주의든 민주주의든 사회주의든 가릴 것 없이 민족과 국가의 결속에 방해가 되는 세력을 무자비하게 탄압하기 시작한다. 이렇게 파시즘이 이탈리아에서 시작되었고, 독일에서도 비슷한 방식으로 나치즘이 탄생한다.

당시 개인의 존엄성을 근간으로 한 계몽주의, 민주주의, 자유주의는 고전하는 상황이었다. 이때 이성과 개인의 존엄을 민족의 이름으로 탄압하며 나타난 20세기 반계몽주의의 보수적·극우적 형식이 파시즘이다. "이제 1789년은 역사에서 지워진다."라고 한 괴벨스Paul Joseph Goebbels의 증언은 파시스트 정신을 함축적으로 드러내준다. (1789년은 프랑스 혁명이 일어난 해다.)

개인주의를 비판하고 민족 중심의 국가주의적 전체주의로 가고자 한 히틀러에게는 개인주의적 이성을 비판하며 계몽주의에 반기를 든 니체는 매력적이었을 터다. 그리고 인간의 본질을 권력에의 의지로 분석한 니체의 사상도 나름 히틀러에게는 호소력 있게 다가왔을 것이다. 무솔리니에게는 분명히 그러했다. 그는 이렇게 말한다.

실로 우리는 분명히 상대주의자들이다. 상대주의가 니체와 그리고 그의 권력에의 의지와 결합한 순간이 이탈리아의 파시즘이 개인과 국가의 권력에의 의지의 가장 멋진 창조물이 되어 지금까지 이어지게 된 순간이다.[75]

하이데거가 나치즘에 호의적이었던 것도 주목할 만하다. 하이데거는 나치에 참여할 것을 민족의 영혼에 기대어 독려한다. 1934년 프라이부르크 대학 총장에 취임하면서 그는 다음과 같이 말한다.

세 번째 연대, 즉 노동 봉사와 군 복무에 추가된 지식 봉사는 독일의 학생들을 독일 민족의 영혼의 사명과 묶는다. 인류에 존재했던 세계를 구성하는 압도적 권력들에 역사적으로 참여하고, 또 자신의 영혼의 세계를 확보하기 위해 지속적으로 투쟁함으로써 이 민족은 자신의 운명을 만들어가고 있다. … 이 민족이 국가로 이행하는 운명의 영적인 과업에 있어 세 개의 연대는 독일적 본질에 있어 동등하게 중요한 측면들이다.[76]

하이데거가 나치에 연루된 것을 두고 시대적 분위기 속에서 어쩔 수 없이 따랐을 뿐이라는 것은 변명이 되지 않는다. 그의 저술들에 나타나듯 독일은 유럽을 새로운 경지로 이끌어갈 정신적 소명을 가진 민족이며, 나치당이 이를 깨우쳐줄 촉매제라 생각했다. 그리고 그가 죽을 때까지 이런 생각을 바꿨다는 증거는 없다.

니체 사상이 실제로 파시즘의 형성에 영향을 미쳤는가, 아니면 하이데거가 파시즘에 진정으로 동조했는가 하는 문제에 대한 상세한 논의는 전문가들에게 맡겨두자. 여기서는 니체에서 시작해 파시즘, 하이데거로 이어지며 이성을 부정하는 전통이 만들어낸 결과에 주목하자.

권위주의에 저항해 근대에 나타난 이성과 자유, 그리고 그에 따른 개인의 존엄은 서로 긴밀히 연결되어 있다. 물론 이성과 자유, 그에 따른 민주주의와 시장경제 등이 항상 긍정적 결과만을 가져다준 것은 아니다. 부작용도 있었다. 상황을 개선해나가는 방법에는 두 가지가 있다. 하나는 계몽주의부터 이어져온 이성과 자유를 유지하며 그 틀 내에서 부작용을 해소하는 것이다. 아니면 근본적인 틀을 모두 부수고 새집을 지어야 한다.

니체에서 파시즘으로 이어지는 경로는 개인의 이성과 자유를 뿌리째 흔드는 길을 선택한 셈이다. 그 결과는 어땠는가? 개인의 이성과 자유의 포기는 권위주의로 회귀하는 결과를 낳았다. 이성과 그에 기반한 보편적 인권을 부정할 때 상대주의가 고개를 들었고, 권력이 상대주의와 자신의 이념을 결합해 폭압적 권력을 행사했다. 이성과 그에 기반한 개인의 존엄에 대한 의식이 버려진다면, 폭압적 권위주의를 제어할 마땅한 방법이 없음을 파시즘의 출현이 잘 보여주고 있다.

자유의 확대인가,
이성의 과장인가

  전환기의 시대적 고통에 대한 또 다른 처방으로 대두
된 것이 사회주의다. 사회주의는 이성을 부정하지 않았다.
마르크스는 사회에 대한 치밀한 분석, 사회와 개인의 관계
에 대한 논리적 분석을 통해 자본주의를 비판하고 대안으
로 사회주의를 제시했다. 이성적 논의를 통해 사회주의를
분석한 만큼 마르크스는 사회주의를 인간 사회가 추구해야
할 보편적 이념으로 제시한다.[77] 그는 이성이 아니라 '자유'
를 비판한다. 현대 사회가 잘못된 것은 이성을 강조해서가

아니라, 이성이 자유의 의미를 잘못 이해했기 때문이다.

마르크스, 모두가 자기 삶의 주인이 되는 사회를 꿈꾸다

앞서 마르크스를 소개하며 소극적 자유와 적극적 자유를 구분해 살펴봤다. 마르크스에 따르면, 간섭이 없는 자유를 뜻하는 소극적 자유는 탐욕적 자본주의를 낳아 모든 이를 불행하게 만든다. 진정으로 필요한 것은 물질의 노예 상태에서 벗어나 자기 삶의 주인이 되는 것이다. 즉 주체성과 자율성을 지닌 적극적 자유가 필요하다.

자율성을 핵심으로 하는 적극적 자유가 소극적 자유보다 오히려 르네상스 정신의 핵심에 더 가깝다. 앞서 4장에서 소개한 르네상스인의 대표 주자인 피코 델라 미란돌라는 "너는 영예롭게 지명된 재판관으로서 스스로의 틀을 짜고 제작하는 존재다."라고 주장했다. 여기에도 적극적 자유가 명백히 드러나 있다.

그뿐 아니다. 계몽주의의 간판 철학자인 칸트도 자기 삶의 주인이 되어 도덕 법칙을 스스로 세우고 자기 의지에 따라 그 도덕 법칙을 따르는 것에 진정한 인간됨이 있다고 말했다. 이 부분에도 적극적 자유가 중요한 요소로 작용하고 있다.

　마르크스가 꿈꾼 것은 모든 공동체의 구성원이 자율성과 주체성을 갖고 자기 삶의 주인이 되는 사회다. 그는 왜 이런 형태의 적극적 자유를 강조했을까? 그 배경에는 분열된 자아에 대한 생각이 놓여 있다. 물질적 쾌락을 추구하는 자아와 인간다운 삶을 추구하는 자아가 대립한다. 우리 모두 이러한 대립을 일상에서 접하고 있다. 그만큼 친숙한 것이기에 고대 소크라테스와 에픽테투스도, 중세 초기의 아우구스티누스도 여기에 주목했다.

　인간다운 삶을 추구하는 고차적 자아가 제약 없이 활동해 나의 삶을 지배할 때 진정한 자유가 실현된다. 마약과도 같은 쾌락에 흔들리지 않고 나의 삶을 영위할 때, 자본주의가 유혹하는 물질적 탐욕에 흔들리지 않고 나의 진정한 모습을 실현할 때 자유로울 수 있다는 말이다. 사회주의 체제에서만 고차적 자아의 자유가 실현될 수 있다는 것이 마르크스의 주장이다.

　문제는 이런 호소력 있는 진단이 권위주의로 회귀할 수 있다는 점이다. 저급한 자아에 흔들리지 않고 고차적 자아가 발현되려면 자아와 세상에 대한 올바른 지식이 필수다. 삶이란 무엇이며, 역사 속에서 사회제도는 어떻게 형성될까? 이 제도는 어떻게 변화되며, 이 과정이 인간의 삶에 어떠한 영향을 미칠까? 이러한 진리에 대한 통찰이 있어야 인간은 자유로워진다. 적극적 자유를 누리기 위해서는 우선 어떻게 사는 것이 옳은가에 대한 통찰이 있어야 한다는 뜻이다.

사회주의가 권위주의로
회귀하는 이유

그렇다면 이런 통찰에 도달하지 못한 사람은 어떻게 해야 할까? 만일 약물에 중독되어 자신이 원하는 삶을 구상하고 영위할 준비가 되어 있지 않은 사람은 어떻게 해야 할까? 그 사람이 약물의 손아귀에서 풀려날 수 있도록 강제해야 한다. 이러한 강제는 억압이 아니라 진정한 자유를 누리게 하는 장치다. 사회적 제도에 매몰되어 자신이 노예 상태로 산다는 걸 깨닫지 못한 채 그냥 사는 사람은 어떻게 해야 할까? 마찬가지로 해방된 삶의 모습이 어떤 것인지를 깨우쳐주고, 진정성 있는 삶으로 가는 혁명의 길에 동참시켜야 한다. 이는 강제적인 것이지만 그 사람을 억압하는 것은 아니다. 왜냐하면 진정한 자아실현을 위한 해방의 길로 나아가도록 도와주는 것이기 때문이다.

　이러한 사고방식에는 우월의식과 권위주의가 깔려 있다. 해방된 삶에 대한 진리를 깨달은 사람, 자본주의를 타파하고 사회주의의 길을 열어야 인간이 진정한 자아를 실현할 수 있음을 아는 이들이 있다. 반면 자신이 자본주의라는 비인간적 체제 아래서 노예처럼 살면서도 그 사회구조의 부조리를 모른 채 그 안에서 탐욕적으로 사는 몽매한 이들이 있다.

　진리를 깨달은 자들은 몽매한 사람들을 깨우쳐 해방의 길로 인도할 의무가 있다. 왕권 중심의 권위주의 사회에서는 왕에게 복종하는 것이 자연의 순리고 개인이 행복해지는 길이다. 이러한 진리를 가르쳐 왕에게 복종하도록 강제해야 하며 이를 어기는 자들을 처벌하는 것이 당연하다. 논리 흐름으로 보자면 사회주의 역시 이런 입장과 별로 다를 바가 없다. 결국 사회주의에서 주장한 해방의 논리, 그에 따른 적극적 자유의 개념이 권위주의로 회귀하는 역설적 결과가 생겨난다.

　사회주의의 배경에 놓인 적극적 자유가 권위주의와 전체주의로 기운다는 것은 단지 논리적 가능성이 아니다. 실제 현실에서 자주 발생하는 일이다. 자본주의가 공산주의로 이행하고, 그곳에서 인간의 진정한 해방이 이루어질 것이라는 마르크스의 예측은 모두 공허하게 끝이 났다. 자본주의가 가장 발달한 곳에서 혁명이 일어나 사회주의로 이행할 것이라는 마르크스의 예언과 달리 공산주의 혁명은 자본주의가 성숙하지 않은 러시아, 중국, 남미 등 산업화에 뒤떨어진 국가들에서 일어났다.

현재의 공산주의 국가들도 인류의 미래에 대한 모범이라고 하기에는 한참 먼 모습들이다. 러시아와 북한 등지에서 나타난 혁명의 결과는 유토피아의 실현이 아니라 오히려 과거의 권위주의적 사회로의 퇴보였다. 공산주의 체제 아래서 국민들이 해방된 삶을 누릴 것이라는 마르크스의 기대는 여지 없이 무너졌다. 그리고 사람들은 전례 없는 압제에 시달려야 했다.

스탈린^{Joseph Stalin}과 브레즈네프^{Leonid Brezhnev} 등의 소비에트 지도자들은 공산주의 이념에 반대하는 자들을 가차 없이 숙청해 시베리아의 교정 노동수용소로 보냈다. 이들은 자신의 독재적 행위를, 국민을 위한 조치라고 정당화한다. 공산주의 이념은 진정한 인간의 삶이 어떠해야 하는지를 계몽적으로 보여준다고 주장하며 이런 주장의 수용을 강제하고 반대를 처벌하는 것은 억압이 아니고 해방과 자유로 가는 길이라고 말한다. 이들뿐 아니라 지금까지 남아 있는 많은 독재자가 역시 같은 논리를 펼친다. 국민들을 탄압하며 그것이 국민을 위한 것이라는 명분을 내세운다.

　개인의 존엄과 자유는 항상 권위주의의 도전에 직면하지만 그리 허약하지는 않다. 오랜 숙성의 시간을 거침과 동시에 많은 생명의 희생을 통해 얻어냈기에 권위주의의 기억이 사라지기도 전에 다시 권위주의에 자리를 내주지는 않을 것이다. 전 세계를 냉전으로 몰아넣은 권위주의적인 사회주의는 얼마 가지 못하고 20세기 후반에 붕괴했다. 현실적 정치 이념으로서의 사회주의는 자유주의와의 경쟁에서 패배하며 세계의 지평에 미미한 자취만 남기고 후퇴했다. 그럼에도 마르크스 사상은 현대에 이르기까지 지속되고 있다.[78] 다음의 진술을 살펴보자.

　자본주의는 사람들을 물질을 향한 경쟁으로 내몰며 탐욕적인 존재로 만든다. 이러한 무한 경쟁은 사람들을 물질의 노예로 만들어 인간성을 상실하게 한다. 개인의 자유를 무한히 확장한 결과 인간들은 결국 물질의 노예가 되었고 삶의 진정한 가치를 잊었다. 진정한 삶, 존엄한 삶을 살기 위해서는 우리를 옥죄는 이러한 물질주의적 자본과 그에 따른 탐욕의 노예가 되는 사회적 구조에서 인간을 해방시켜야 한다. 자본주의적 경쟁은 사람들을 지배와 종속의 관계 속에 몰아넣음으로써 지배하는 자나 지배당하는 자나 상관없이 모두를 불행하게 만든다.

이런 문명 비판적 목소리는 지금도 다양한 신문 칼럼과 대학 강의에서 빈번히 들려온다. 마르크스가 분석한 자본주의 비판은 이런 목소리에 꾸준히 양분을 공급하고 있다. 물론 이런 목소리가 가진 순기능도 있다. 시장주의가 과도하게 진행될 경우 나타날 수 있는 부작용들에 대한 경고음을 울린다. 그리고 거기서 초래될 수 있는 부당한 사회 구조에 대해 꾸준히 성찰하게끔 유도하는 것은 분명 긍정적인 일이다.

소극적 자유야말로
권위주의로의 복귀를 막는 처방제

우리는 자유 이외에도 많은 다른 사회적 가치들을 중요하게 생각한다. 모든 사람에게 평등한 기회가 주어져야 한다고 생각하며, 자유롭게 경쟁하되 그 경쟁이 공정해야 한다고 생각한다. 기울어진 운동장에서 경쟁을 시작해서는 안 되며, 경쟁 과정에서 편파적인 판정을 받아서도 안 된다는 말이다.

또한 한 사회 속에서 개인들이 뿔뿔이 흩어져 모래알처럼 사는 것이 아니라 서로를 인정하고 배려하며 살기를 원한다. 평등, 정의, 사회적 연대 같은 가치들이 우리의 삶에 중요한 역할을 하고 있다. 그러나 소극적 자유가 이러한 열망을 보장해주지는 못한다. 우리가 사는 사회가 이들 적극적인 가치들까지도 함께 구현하는 풍성한 사회가 되기를 열망한다. 이런 열망이 있기에 미래 사회에 대한 마르크스의 처방에 많은 사람들이 귀를 기울였다. 그리고 주장이 무너졌음에도 불구하고 자본주의 사회에 대한 그의 비판이 아직도 사람들 사이에 울림을 주고 있다.

그저 소극적 자유가 보장되는 사회 너머 좀 더 풍성한 인간의 숨결이 있는 사회를 만들기 위해서는 어떻게 해야 할까? 권위주의로 되돌아가지 않으면서 우리 사회를 풍성하게 하려면 어떻게 해야 할까? 어떻게 이런 사회를 만들지에 대해는 수많은 철학자, 정치철학자들이 고민하고 있다. 하지만 결코 쉽지 않은 문제이기에 여기서 그 답을 제시할 수는 없다. 그러나 어디로 가서는 안 되는지에 대한 합의가 있으며, 앞서 사회주의에 대한 논의는 그 합의를 선명하게 보여준다. 살을 붙여나가기는 하되, 소극적 자유로 표현되는 기본권이 침해되어서는 안 된다는 것이다.

신념의 자유, 의사 표현의 자유, 신체 이동의 자유처럼 기본권에 해당하는 소극적 자유에 어떤 가치가 더 구현되어야 할까? 이에 대해 사람들이 서로 다른 생각을 갖는 것은 다원적인 현대 사회에서는 당연한 현상이다. 평등에 더 큰 비중을 두는 사람이 있을 테고, 사회적 연대에 더 큰 비중을 두는 사람이 있을 것이다. 개인적인 물질적 만족에 큰 비중을 두는 사람이 있는가 하면, 사회적 헌신에 더 큰 가치를 부여하는 사람도 있다.

이런 다양한 의견은 다양성 그 자체로 존중되어야 하며, 누구의 생각이 절대적으로 옳다고 생각해서는 곤란하다. 내가 생각하는 가치가 절대적으로 옳다는 믿음은 인간이 어떻게 살아야 하는가에 대한 절대적 그림을 만들어낸다. 그리고 이런 생각이 공고해지면 다른 사람에 대한 가치론적인 압제와 강요를 하게 된다. 그것이 마치 그 사람을 위한 것인 양 정당화하면서 말이다. 권위주의가 이렇게 탄생한다. 우리는 앞서 사회주의가 적극적 자유를 이야기하면서 이런 과정을 거쳐 권위주의로 회귀하는 것을 이미 확인했다.

이런 부작용을 막는 가장 효과적인 처방은 소극적 자유를 엄격히 지키는 것이다. 개인은 자신의 신념을 가질 자유가 있으며, 표현할 자유가 있어야 하고, 이 자유는 침해되어서는 안 된다. 소극적 자유는 권위주의에 대한 저항으로 생겨난 요체이면서 권위주의로의 복귀를 막아주는 처방제다. 자유 이외의 가치를 고려할 때도 이러한 소극적 가치의 영역을 견고히 유지하면서 나아가야 한다.

인간의 존엄을 위한 초석은 모든 이들이 자유주의적 기본권을 갖고 있다는 생각이다. 이러한 권리를 서로 인정해주는 데 인간다움의 최소한이 자리 잡고 있다. 민족의 이름으로 개인의 자연권을 침해할 수 있다고 생각하면 파시즘이 된다. 인민 해방의 이름으로 기본권을 제약하면 전체주의가 된다. 다수결의 이름으로 제약하면 대중 민주주의 독재가 된다.[79] 이념의 이름으로 신념, 의사 표현, 신체 이동과 같은 기본적 권리를 제한할 수 있다고 생각하는 체제가 있다면, 이는 폭정이고 압제고 독재다. 그 체제 앞에 붙는 수식어만 달라질 뿐 애써 넘어선 권위주의로 회귀한다는 결론은 같다.

개인의 기본권을 무시할 때
생겨나는 위험들

어떤 이들은 자유주의적 기본권, 소극적 자유를 견고히 유지하는 개인주의는 근본적으로 지배와 예속의 본성을 갖고 있다고 말한다. 그러므로 이를 토대로 다른 가치들을 구성하는 것은 애초에 성립할 수 없다고 주장한다. 니체의 세례를 받아 1960년대 프랑스에 많은 영향력을 끼친 포스트-모더니즘, 또는 후기 구조주의자들이 이런 주장을 하고 있다.

이들 주장은 인간의 본성에 대한 난삽한 심리적·철학적 분석으로 이루어져 있어 여기서 상세히 이야기하는 것은 적절하지 않다. 또한 이들은 사회제도에 대한 현실적 대안을 제시하지 못한 채 추상적이고 형이상학적인 논의로 일관하고 있다. 이런 한계 때문에 현실적인 사회제도에 대한 논의에서는 거의 주목을 받지 못하고 있으며, 그 태생국인 프랑스에서조차 더 이상 관심받지 못하는 실정이다.

그럼에도 도처에서 이들의 문화적 담론에 귀를 기울이는 사람들이 있으며, 이들의 논의에 의존해 자유주의적 개인과 기본권을 비판하는 사람들이 있다. 마치 개인주의와 기본적 자유권에서 출발하면 지배층의 사익에 도움이 되어 결국 지배와 예속이 불가피한 것처럼 주장한다. 개인주의와 자유에 대한 이들의 비판, 그 핵심에는 니체에서 시작된 이성에 대한 비판이 놓여 있다. 이는 결국 규범에 대한 상대주의를 조장하고, 소위 정체성 정치에 대한 논거를 제공한다. 즉 한 사회의 정체성과 규범은 특정한 문화 속에서 나온다는 주장이다.

이런 식의 사고는 민족 또는 국가의 이름으로 기본권

에 대한 제약을 용인하는 결과를 낳는다. 이성과 인권을 가벼이 봄으로써 니체는 나치즘에 대한 양분을 제공했다. 물론 그가 개인적으로 나치즘에 동조한 것은 아니었다 해도 말이다. 마찬가지로 포스트-모더니즘 역시 개인의 소극적 자유에 기반한 보편적 인권을 약화시키는 데 일조한다. 이로써 압제에 기회를 제공할 위험이 있다. 미셸 푸코^{Michel Foucault} 같은 대표적 후기 구조주의자가 이란의 이슬람 혁명에 대해 호의적이거나,[80] 레비 스트로스^{Claude Levi Strauss}가 근대성에 나타난 진보와 퇴화의 구분에 대해 부정적인 생각을 드러낸 것 등은 이러한 위험을 잘 보여준다.

CHAPTER 6 | 미래

나는 무엇이
되어야 하는가

"어떤 미래가 우리에게 올 것인지는
오늘을 사는 우리가 어떻게 하느냐에 달려 있다."

다시 포화 속에서 마주하는
격변의 시대

    우리는 앞의 5장에서 어떤 과정을 거쳐 우리가 인간다
움에 관해 인지부조화 상태에 놓이게 되었는지를 살펴보았
다. 한쪽에는 거의 1000년이라는 긴 세월을 통해 많은 희
생을 지불하며 얻은 인간다움에 대한 개념이 있다. 다른 한
쪽에는 인간도 동물과 다르지 않다는, 인간다움에 대한 자
포자기식 의식이 놓여 있다.

    진화론, 니체, 마르크시즘이 후자의 경향에 주요한 기
여를 했음을 살펴보았다. 이 이론들은 인간의 오만함이나

이성에 대한 과신을 경고한다는 점에서 나름의 의미가 있다. 그럼에도 이것이 인간다움의 요소들에 대한 부정으로 읽힐 경우 여러 문제를 양산한다. 이론에 대한 과잉 해석을 하거나(진화론), 어렵게 획득한 인간의 자유를 위협하는 권위주의로의 회귀를 부추기는 결과를 낳을 수 있다(니체와 마르크스)는 것도 살펴봤다.

이들 이론이 인간다움에 대한 역사적 유산을 위협하는 특성을 갖고 있다는 게 충분히 알려졌더라면 어땠을까? 그랬다면 기존의 인간다움에 대한 포괄적 그림을 수용하는 범위 내에서 적절히 제한되고 보완적인 방식으로 기여할 수 있었을 것이다. 그러나 불행히도 과학과 이성을 비판하고, 개인의 자유 개념을 조롱하는 것이 지성적인 듯한 분위기 속에서 이들은 아직도 대중들의 의식 일부를 지배하고 있다.

4차 산업혁명이 주도하는 변화, 미래는 이미 도착해 있다

인지부조화의 상황에서 우리는 다시 4차 산업혁명이라는 격변기로 들어섰다. 새로운 과학과 산업은 새로운 환경을 만들고, 새로운 환경은 새로운 생각을 낳는다. 정보산업과 생명과학을 필두로 하는 4차 산업혁명은 우리의 환경을 근본적으로 바꾸고 있다. 새로운 변화의 물결은 인지부조화라는 긴장의 양 축에서 어디에 무게를 더하고 있을까? 이제 4차 산업혁명은 어떤 환경을 만들어 우리의 생각을 어떻게 변화시키고 있는지 살펴볼 차례다.

세부적인 이야기로 들어가기 전에 도입에서도 이야기했지만, 한 가지를 다시 분명히 해야겠다. 4차 산업혁명은 이전의 모든 산업혁명과 마찬가지로 우리 삶의 양식을 급격하게 변화시킬 것이다. 이행 과정에서 많은 직업이 사라지고 새로 생겨나는 재편의 과정을 겪을 수밖에 없으며, 이런 변화는 고통을 가져온다. 그러나 이 과정을 피할 수는 없다. 이는 우리의 삶을 편리하고 쾌적하게 만들기 위해 겪어야 하는 출산의 고통과도 같다.

노동 생산성은 현저히 발전해 이전에 장시간 노동을 해야 얻을 수 있었던 부가가치를 짧은 시간에 성취하는 날이 올 것이다. 덕택에 우리는 더 많은 시간을 하고 싶었던 일들을 하는 데 쓰면서 더 풍요로운 삶을 살 수 있게 된다. 이것은 바로 과거의 산업혁명에서 우리가 겪었던 일이다. 증기기관과 전기가 도입되면서 생산성은 비약적으로 증가했고, 그 결과 평균적으로 이전보다 덜 일하면서도 더 큰 만족을 얻는 삶을 살고 있다.

경제학자 로빈 핸슨^{Robin Hanson}은 역사, 경제, 인구 관련 데이터를 종합해 이런 예측을 내놓았다. 200만 년 전 인류가 수렵채집을 하던 때 경제가 두 배로 성장하는 데는 22만 4100년이 걸렸다. 이 속도는 점점 가속화되어 농경 사회에서는 909년, 산업 사회에서는 6.3년이 걸렸다. 농업혁명이나 산업혁명 같은 새로운 혁명이 이전처럼 진행된다면 세계 경제가 2주마다 두 배로 성장하는 때가 올 수 있다는 뜻이다.[81]

많은 사람이 4차 산업혁명으로 이미 새로운 성장 동력이 작동하기 시작했다고 생각한다. 레이몬드 커즈와일^{Raymond Kurzweil}은 이런 새로운 혁명이 인공지능에 의해 주도되고 있으며, 2040년에는 컴퓨터 한 대가 모든 인류의 지능을 합한 것보다 더 뛰어난 지능을 갖게 되는 특이점의 시대가 올 것이라고 한다.[82]

인공지능에 의해 주도되는 변화가 이들이 예견하는 속도로 빨리 올지는 알 수 없으며, 이 예측들이 과장됐을 가능성도 있다. 하지만 이들이 예견하는 속도만큼 빠르지 않다 해도 변화 자체를 막을 수는 없다. 분명 우리가 생각하는 것보다는 빠르고 폭넓게 찾아올 것이다.

왜 격변기마다
디스토피아적 이야기가 흥행할까?

격변기에는 항상 디스토피아적인 이야기가 따라 나온다. 이번에도 마찬가지다. 인간과 같은 로봇이 나와 인간을 지배할 것이라는 둥, 인간은 쾌락에 젖어 정신적으로 더욱 피폐해질 것이라는 둥의 주장이 있다. 아직 오지 않은 불확실한 미래는 이전에 접해보지 못한 새로운 세상일 것이며, 불확실성은 늘상 두려움을 불러온다. 문제들도 나타날 것이다. 문명을 요동치는 변화가 아무 문제와 갈등 없이 오리라고 기대하는 것은 너무 낭만적이다.

과거의 산업혁명을 되돌아봐도 동반되는 문제점들은 분명히 있었다. 1차 산업혁명 초기부터 기계가 도입되면 인간의 삶을 황폐하게 만들 것이라는 공포감이 엄습했고, 일부에서는 기계를 파괴하려는 움직임도 있었다. 과도기마다 다양한 문제들이 나타났던 것을 우리는 잘 알고 있다. 그러면 질문을 던져보자. 1차 산업혁명과 이후의 과정에서 과연 인간의 삶은 더욱 피폐해지고 퇴보했는가?

오늘날에도 이런 이야기를 하는 이들이 더러 있다. 하지만 이는 문명 비판에 경도된 이들의 과도한 주장이고, 사실과 배치되는 생각이다. 고대 그리스와 로마시대에 30세

언저리였던 인간의 기대수명은 18세기 산업혁명 초기까지 2000년이 넘는 기간 동안 겨우 10년 정도 연장되었다. 그러나 과학과 산업의 발달로 지난 400년 사이에 인간의 기대수명은 산업혁명 초기 대비 두 배 이상 확대되었다. 영양 상태는 말할 것도 없고, 고된 노동에서 해방되어 사람들이 누릴 수 있는 여유시간의 절대치가 늘어난 것은 누구도 부정할 수 없다.

포괄적으로 보면 산업의 발전이 인간의 삶을 윤택하게 함에도 왜 여전히 디스토피아적인 이야기가 부풀려지면서 과장된 공포감을 조장하는 것일까? 과학과 산업이 폭발적으로 발전해 만들어지는 신기술이 삶을 더 편하게 만들어 줄 것이라는 이야기는 예측 가능하기에 사람들의 관심을 끌지 못한다. 반면 디스토피아적인 이야기는 다르다. 안 그래도 불안한 사람들의 호기심과 불안감을 더욱 자극해 주목을 끈다. 그러다 보니 사람들의 관심에 목말라하는 호사가들은 디스토피아적인 이야기가 생성되어 확산되도록 부추긴다. 그러나 이런 디스토피아적인 스토리는 시간이 지나면 잦아들 가능성이 높다. 과거 여러 차례 산업혁명을 겪으며 우리가 배운 교훈이다. 이번에는 다를 것이라 생각할 이유가 없다.

그렇다고 마냥 유토피아적인 생각에 젖는 것도 적절하

지 않다. 1차든 4차든 산업혁명이라는 변화는 삶을 윤택하게 할 잠재력이 있지만, 어디까지나 잠재력일 뿐이다. 과거의 역사에 비추어 볼 때 4차 산업혁명 역시 전체적으로 긍정적인 결과를 가져다줄 가능성이 높다. 하지만 부정적인 측면들이 동반될 가능성도 부정할 수는 없다.

다가오지 않은 미래는 오늘의 우리가 어떻게 하는가에 달려 있다. 미래에 대한 예언으로서의 디스토피아적 이야기는 가능성 낮은 일에 대한 호들갑으로 보인다. 그러나 있을 법한 부작용에 경고를 울려줌으로써 더 나은 미래를 만드는 데 도움을 주는 제언으로는 의미가 있다.

지금부터는 4차 산업혁명이 전개되면서 인간다움이 어떤 도전을 받게 될지 이야기할 것이다. 이 이야기도 미래가 가져올 수 있는 부정적인 가능성에 대한 대비의 차원에서 이해해주었으면 한다.

인공지능과 생명과학의 조우,
그리고 인간다움

　인공지능의 발전은 컴퓨터과학의 발전과 떼어놓고 이
야기할 수 없다. 모든 기술이 그렇듯이, 컴퓨터과학도 우리
의 삶을 편리하게 만들어주는 신기술로 주목을 받으며 혁
신적으로 발전했다. 컴퓨터공학의 발전으로 우리 눈으로는
측정할 수 없는 세밀한 부분까지 측정할 수 있게 되었고,
물건을 만드는 과정을 더욱 엄밀히 통제할 수 있게 되었다.
또한 자동화 공정이 보급되면서 고된 노동에서도 벗어났
다. 기계들이 더 정확하게 빠르게 물건을 만들어내고 있기

때문이다. 때로는 위험한 일을 기계가 대신함으로써 도움을 주기도 했다. 사람의 노동에 들어가는 인건비를 절약하고 위험에 적게 노출되면서 더 좋은 물건을 만들 수 있으니 좋은 일이다.

인간의 지능을 컴퓨터에 심다

편의를 제공하고 욕구를 만족시키는 산업적 도구로 우리의 삶에 자리를 잡기 시작한 인공지능은 점차 그 용도를 넓혀갔다. 1956년, 미국 다트머스 대학의 존 매카시John McCarthy 교수가 개최한 회의에서 사람의 사고 과정을 컴퓨터로 모델링하는 작업들이 소개되었다. 그동안 컴퓨터 프로그램은 상태를 측정하고 생산과정을 제어하는 식으로 인간 생활의 편의를 돕기 위한 수단으로만 활용되어왔다. 그러다가 인간이 하는 추론을 모델링하는 단계로까지 발전한 것이다.

다트머스 회의에 참석한 컴퓨터과학자들은 사람들이 자연스럽게 수행하는 추론을 컴퓨터도 할 수 있도록 프로그래밍하는 기술을 선보인다. 이때 처음으로 인간의 자연지능과 대비되는 의미로 인공지능Artificial Intelligence, AI이라는 용어가 사용되기 시작한다.

인간에게 사용되던 지능이라는 개념이 컴퓨터에도 적용되면서 인공지능의 활용 범위는 더욱 확대된다. 인공지능은 컴퓨터 프로그램이 문장에서 문장으로 이어지는 인간의 추론을 흉내 내는 것에 머물지 않는다. 여기서 나아가 다양한 인간의 심리 현상을 시뮬레이션하는 수준까지 발전하면서 심리학 이론을 검증하는 수단으로도 활용된다. 심리학 이론을 컴퓨터에 심어 돌려볼 수 있게 됨으로써 컴퓨터과학은 산업적 도구에서 인간을 이해하기 위한 도구로 그 영역을 넓혀간다.

물질계에 대한 이해는 과학 혁명 이래 엄청난 발전을 해왔고 그 중심에는 기계론적이고 결정론적인 생각이 깔려 있었다. 한 시점에서 물질계의 상태가 결정되면, 그다음 시점의 상태는 자연법칙에 의해 예외 없이 확정적으로 결정된다는 논리다. 반면 마음에 대한 연구는 답보 상태에 머물면서 계속 수수께끼로 남아 있었다. 철학자들은 철학자대로, 심리학자는 심리학자대로 마음을 연구하고 있었다. 신경과학자들은 어떤가? 인간의 뇌에서 마음이 구현된다는 추정만 하고 있을 뿐 그 속에서 인간의 마음을 지배하는 현상들이 어떻게 발생하는지는 매우 부분적으로만 이해할 뿐이었다. 여러 학문이 마음의 신비를 풀어보려 했지만, 장님

코끼리 만지는 듯한 상황이 오래 지속되었던 것이다. 그러나 상황이 달라진다.

인간의 마음도
프로그래밍될 수 있을까?

컴퓨터과학이 발전하면서 상황이 변화한다. 변화의 시작은 인간의 마음도 컴퓨터와 마찬가지로 프로그램에 의해 운영되는 것이라는 아이디어에 있다. 이 새로운 관점 아래 기존의 다양한 학문이 서로 협력해 마음을 이해하기 시작한다. 이렇게 해서 태어난 것이 인지과학이다. 오늘날 맹위를 떨치는 소위 융합학문의 시초다.

컴퓨터 모델로 인간의 마음을 바라보면서 새롭고 다양한 학문 분야가 파생되어 나타났다. 심리학에서는 계산심리학computational psychology이, 신경과학에서는 계산신경과학computational neuroscience이, 그리고 언어학에서는 계산언어학computational linguistics이 새롭고도 중요한 분야로 자리 잡는다. 인간의 지능 혹은 인간의 마음은 그 중심에 컴퓨터 프로그램 같은 것들이 작동해 운영되는 시스템이란 생각이 확산된다.

사람의 마음이 프로그램에 의해 운영된다는 생각에서 한발 더 나아가면 컴퓨터도 마음을 가질 수 있다는 생각으로 이어지게 된다. 생각의 자연스러운 진행처럼 보이지만 자세히 들여다보면 여기에는 논리적인 비약이 있다. 전문 용어를 사용해 설명하면 이렇다. 프로그램으로 이루어진 것이 마음을 갖기 위한 필요조건이라고 해서 충분조건이라는 보장은 되지 않는다.

이해를 돕기 위해 비유적으로 설명해보자. 여자가 아니고서는 어머니가 될 수 없고, 같은 의미에서 여자여야지만 어머니가 될 수 있다. 이런 의미에서 여자는 어머니가 되기 위해서 먼저 갖추어져야 할 조건, 즉 어머니가 되기 위해 꼭 필요한 조건이다. 그러나 여자라고 해서 모두 어머니가 되는 것은 아니다. 여자라는 것이 어머니가 되기 위한 충분조건은 아니라는 말이다. 마찬가지로 마음의 중심에 프로그램이 있고 마음을 가지려면 프로그램을 갖추어야 한다는 것을 받아들인다고 해서 프로그램을 갖추면 마음이 생겨난다는 결론으로 연결되는 것은 아니다.

그러나 사람들의 생각이 항상 논리적으로 움직이지는 않는다. 컴퓨터 프로그램 같은 것이 마음의 중심부에 있다는 생각은 컴퓨터도 마음을 가질 수 있다는 생각을 부추긴다. 그 결과 뇌에 들어가 있는 많은 프로그램을 조직적으로 잘 구성해 컴퓨터에 심으면 컴퓨터도 마음을 가질 수 있다는 생각이 출현한 것이다. 1970년 무렵부터 인공지능과 그에 기반한 로봇 영화들이 줄지어 출시된 것은 이런 과감한 생각이 확산되면서 나타난 현상이다. 〈2001 스페이스 오딧세이〉, 〈터미네이터〉, 〈아이, 로봇〉, 〈바이센테니얼 맨〉, 〈엑스 마키나〉에 이르기까지 인공지능과 로봇이 영화의 주요 소재가 되고 있다. 그리고 영화에 나오는 인공지능 주인공들은 점점 더 인간을 닮아간다.

인간의 예상보다 늘 앞서가는
인공지능의 발달

인공지능의 발달은 지금까지는 특정한 문제를 해결하는 전문적인 프로그램을 개발하는 데에 집중해왔다. 예를 들어 물체의 패턴을 인식한다든가, 데이터에서 특정한 암을 진단한다든가, 주어진 바둑판의 형상에서 가장 적합한 다음 수를 결정한다든가 하는 일에 말이다. 이런 전문적 작업에 있어서는 이미 인간의 능력을 앞서고 있다. 그리고 그 속도 역시 놀랍다.

컴퓨터 전문가들이 바둑을 두는 인공지능을 구축하기

시작할 때만 해도 그들 대부분은 인공지능이 인간을 이길 수 없으리라 생각했다. 바둑의 가능한 수의 조합이 기하급수적으로 늘어나기 때문에 무수히 많은 선택지 중에서 어떤 수가 최상인가를 선택하는 것은 컴퓨터라는 물리적 체계 내에서 구현될 수 없다고 본 것이다. 게다가 그것을 가능하게 하려면 전혀 다른 형태의 하드웨어가 필요한데, 그런 하드웨어가 나오기까지 상당히 긴 시간이 걸릴 것으로 예상했다.

모든 사람의 예상을 깨고 인공지능이 세계 최고의 바둑 기사를 이기는 사건이 생각보다 빨리 찾아왔다. 고전적인 인공지능 프로그램과 경쟁하다가 빛을 보지 못하던 뉴럴 넷neural net이 딥 러닝 기술의 도입과 더불어 2000년대에 화려하게 컴백하면서 이런 일이 가능해졌다. 앞으로도 인공지능은 새로운 아키텍처의 도입으로 계산 능력이 더욱 확장될 것이다.

그뿐 아니다. 아직까지는 인공지능 연구가 특수한 주제를 처리하는 지능에 집중되어 있다. 그래서 인간처럼 다양한 인식 능력을 동시에 처리하는 두뇌와 같은 범용 인공지능artificial general intelligence에 대한 연구 속도는 더딘 편이다. 하지만 이 분야 역시 언젠가는 인간을 추월하는 때가 올 것이며 분명 지금 우리가 예상하는 것보다 더 빨리 올 것이다. 이렇게 인공지능이 발전하면 할수록 인간의 마음이 프로그램들의 복합체에 불과하다는 생각 역시 더욱 확산될 것이다.

유전자 조작과 신체 조직의 복제, 인류에게 어떤 미래를 안겨줄까?

4차 산업혁명을 주도하는 또 하나의 줄기는 생명과학이다. 1869년 DNA가 처음 발견되고, 이것이 인간의 유전자임이 밝혀지기까지 거의 80년의 시간이 걸렸다. 하지만 이후 DNA가 이중나선 구조라는 사실이 밝히기까지는 10년밖에 걸리지 않았다. 다시 40여 년이 지난 2003년에는 DNA에 대한 포괄적 지도를 그려내는, 이전에는 상상할 수 없었던 작업이 13년간의 국제적인 프로젝트의 결과로 완성되었다. 이것이 바로 '인간 게놈 프로젝트'다.

이제 우리는 인간의 다양한 특성들이 어떻게 발현되는지에 대한 기저 메커니즘을 알고 있다. DNA를 조작해 원하지 않는 결과(질병)를 제거하고 원하는 결과(건강)를 얻으려면 어떻게 해야 하는지도 연구 중이며, 더욱 탄력을 받고 있다. 유전자를 조작하는 기술에 대한 관심은 DNA에 완전히 새로운 DNA 절편이나 유전자 전체를 삽입해 기존의 유전 정보를 다른 것으로 바꾸는 크리스퍼 유전자 가위의 개발로 이어졌고, 이 기술은 계속 발전할 것이다.

DNA뿐만이 아니다. 인간의 뇌는 어떻게 이루어져 있는지에 대한 관심도 고조된 상태다. 이에 따라 뇌를 포함한 중추신경계, 즉 뉴런 체계의 포괄적 지도를 그려내고자 하는 커넥텀 연구도 활발히 진행 중이다. 꼬마선충의 커넥텀이 밝혀졌으니, 이 연구가 진행되면서 인간 신경계의 회로도 역시 결국은 완성될 것으로 보인다.

건강과 수명은 인간의 최대 관심사 중 하나다. 당연히 생명과학에 많은 자원과 노력이 투자되어 발전 속도를 가속화할 것이다. 생명과학은 건강과 수명뿐 아니라 식량문제, 환경문제 등과도 긴밀히 연결되어 있다. 이렇듯 인간이 직면한 과제들과 중층적으로 직결되어 있는 생명과학은 인공지능, 데이터 사이언스 등과의 시너지를 통해 많은 연구 성과를 내는 중이다.

수없이 많은 과거의 데이터가 인공지능에 투입되면서 인공지능은 다양한 형태의 물체를 인식하는 능력을 획득했다. 예를 들어 고양이가 들어 있는 다양한 그림을 인공지능 체계에 제공하면, 이 체계는 고양이를 판별하는 능력을 스스로 키운다. 사람보다 훨씬 더 탁월하게 물체를 판별하는 능력을 보유할 정도로 인공지능 기술은 발전한 상태다.

이 기술을 질병과 관련된 다양한 데이터에 적용해 의료 분야에서도 활용하고 있다. 인공지능이 병을 진단하고 그에 대한 치료법을 제시하는 수준까지 도달했으며 약을 연구하고 생산하는 제약 산업에도 활용되고 있다. 환자와 관련된 데이터와 결합시켜 개별 환자들에게 특화된 개인 맞춤의료를 위해서도 인공지능은 활발히 활용되는 중이다. 또한 인공지능은 생명공학과 결합해 3D 프린팅 기술을 발전시켰다. 이 기술로 생체 소재를 사용해 인간의 신체 일부를 만들어내는 것도 가능한 상태다. 이렇듯 생명과학과 인공지능은 도처에서 다양한 방식으로 결합해 이전에는 상상할 수 없었던 결과를 내놓고 있다. 이러한 연구는 더 빨리 더 폭넓게 진전될 것이 분명하다.

질병과 노화의 극복,
부정하지 말고 수혜를 누려라

인공지능과 생명과학의 발전은 우리에게 많은 기대를 안겨준다. 줄기세포 연구를 통해 개인의 유전적 특성에 최적화된 장기를 다른 동물을 통해 복제하는 기술이 발전하는 중이다.[83] 그뿐 아니다. 언젠가는 DNA에 개입해 대부분의 질병을 치료하고 과학의 힘으로 노화를 극복하는 날도 오리라 기대한다. 질병과 노화 문제를 해결한다는 것은 인간에게는 큰 축복이다.

질병에서 해방된다면 삶의 질이 놀랍도록 향상되리라는 것은 두말할 필요가 없다. 인간의 수명을 늘려주는 것도 축복이다. 삶과 죽음을 선택할 수 있을 때 대개 사람은 삶을 선택한다. 죽음을 선택하는 것은 불행의 징표다. 그만큼 삶은 그 자체로 사람들에게 귀중한 가치를 지니며, 수명을 늘려 삶을 더 즐기도록 기회를 부여하는 것은 축복이다.

인공지능과 생명과학의 발전은 정해진 시간 내에서 더 쾌적하게 살 수 있도록 도와줄 뿐 아니라, 수명을 늘려 즐거움의 양도 늘려줄 수 있다. '오래 사는 것이 반드시 인간에게 좋은 것인가' 하는 질문을 던지는 사람들이 있다. 사치스러운 질문이다. 치명적 질병과 죽음에 맞닥뜨렸다고 생각해보자. 과연 같은 질문을 던질 수 있을까?

질병과 죽음을 극복해나가는 4차 산업혁명의 전개가 바람직한가 아닌가 하는 논의로 시간을 쓰는 것은 헛된 일이다. 막을 이유도 없고, 막으려 해도 막을 수 없을 것이다. 그런 논의에 시간을 보내는 것보다 산업혁명 과정에서 초래될 수 있는 부작용을 진단하고 대비하는 데 시간을 써야

한다. 긍정적 결과를 최대로 누리고 부정적 결과를 최소화
하는 데 노력을 기울이는 것이 합당하다.

마음과 세계는
서로를 변화시킨다

19세기에 들어 정면으로 공격받기 시작한 이성은 21세기에는 그 위상이 어떻게 달라졌을까? 인공지능과 데이터 사이언스가 발전하는 시대, 돈이 있다면 젊음과 영생을 살 수도 있는 시대로 나아가면서 인간의 이성은 어떤 변화를 겪게 될까?

이 질문에 단언적인 대답을 하는 것은 오해를 낳을 가능성이 있다. 이성에는 여러 측면이 있으며, 새로운 시대에 겪는 변화는 다를 수 있기 때문이다. 이성적이라는 말이 합리적이라는 말과 같은 의미라는 데 주목하자. 합리적이란 말은 이치에 부합한다는 뜻이고, 이치를 찾는 것이 이성이다.

때로는 지식으로, 때로는 행위로
세계와 관계한다

합리성은 크게 이론적 합리성과 실천적 합리성으로 나뉜다. 사람이 세상과 관계하는 방식의 두 측면에 따라 이 두 가지가 구분된다. 우리는 한편으로는 세계를 이해하고자 하며 지적인 관계를 맺는다. 세계는 어떤 모습으로 이루어져 있으며 어떤 원리로 움직이는지를 알고 싶어 한다. 세계의 참된 모습을 그려내는 믿음을 구성하고자 한다. 이때 문제 제기를 할 수 있다. 세계에 대한 지식을 합당한 방식으로 구성했는지, 당연히 해야 할 방식으로 증거를 수집하고 합당한 증거에 토대해 믿음을 잘 구성하고 있는지에 대해서 말이다.

지식을 인도하는 이론적 이성, 이론적 합리성

창밖을 보니 빗줄기가 보이고 천장에 비 떨어지는 소리가 들리며 방송에서는 하루 종일 비가 올 거라고 예보한다.

그런데 오늘 친구들과 놀이공원에 가려던 계획이 좌절되는 걸 받아들이지 못해 곧 비가 그칠 거라고 믿는다면 어떤가? 이 태도는 세상에 대한 진리를 구성하는 목적에서 볼 때 전혀 바람직하지 않다. 이것은 이치에 맞지 않는 불합리한 믿음이다. 진리를 추구하고 거짓을 피해야 한다는 이성의 명령을 위배하고 있기 때문이다. 이처럼 세계에 대한 지식의 방향성을 지시하는 이성을 우리는 '이론적 이성'이라 하고, 그것을 만족하는 특성을 '이론적 합리성'이라 한다.

이론적 합리성의 측면에서 보면 우리는 세계와 수동적 관계에 있다. 세계는 우리와 떨어져 있으며, 우리가 그 모습을 잘 수용해 믿음을 구성할 때 이론적 합리성이 이루어진다. 그러나 우리가 세계와 맺는 관계가 수동적이기만 한 것은 아니다. 우리는 환경을 변화시키려는 적극적 시도를 끊임없이 하고 있다.

행위를 인도하는 실천적 이성, 실천적 합리성

커피를 마시려고 물을 끓이는 것도 세계를 변화시키는 일이다. 가만히 있으면 내가 원하는 뜨거운 물이 저절로 주어지지 않는다. 고독사하는 불쌍한 노인들이 생기지 않게 하려고 조직을 가동해 그들의 거주지를 정기적으로 방문한다. 장애인들의 교통 편의를 위해 도로 구조를 개선한다.

가구를 만들기 위해 벌채를 하며, 안락하게 살고 싶어 집을 짓는다. 편리한 교통을 위해 도로를 건설하고 터널을 뚫고 다리를 놓는다.

이 모든 행위의 배경에는 욕구가 자리 하고 있다. 편리성이든 개인적 욕망이든, 이웃을 위한 배려심이든 간에 우리에게는 목적과 욕구가 있다. 그리고 그 목적을 이루기 위해 환경에 적극적으로 개입하며, 행위를 통해 우리가 구상하는 그림에 맞춰 세상을 변화시킨다. 이처럼 세상을 변화시키는 행위가 합리적인가를 묻는 것이 '실천적 합리성'이다. 예를 들어 물을 끓이려고 주전자를 스토브 위에 올려놓는 것은 합리적이지만, 품에 안고서 온도를 올리려는 행위는 합리적이지 않다.

산업과 과학 발전에 이바지한
이론 이성과 도구적 이성

실천적 합리성의 중요한 축을 이루는 것이 바로 도구적 합리성이다. 어떤 목적이 있고 그 목적을 달성하고자 할 때, 그 행위가 목적 달성을 위한 수단으로 적절한가를 평가할 수 있다. 목적을 달성하기 위한 도구로서 그 행위가 적절한가에 대한 평가이기 때문에 이러한 평가는 도구적 합리성이라고 불린다. 18세기 영국 철학자 데이비드 흄David Hume, 1711-1776은 "이성은 정념의 노예이며, 노예로 머물러야 한다Reason is, and ought only to be the slave of the passions."[84]라고 했다. 이 말은 도구적 합리성 이외에 실천적 합리성은 없다는 선언으로 유명하며 아직도 많은 사람이 이 메시지에 공감한다.

이론 이성과 도구적 이성은 근대 이후 꾸준히 발전해왔다. 세계에서 주어지는 정보를 받아들여 지식을 생산하는 역할을 담당한 이론 이성은 과학을 생산해 세상이 어떤 원리로 돌아가는지에 대한 이해를 획기적으로 발전시켰다. 도구적 이성은 자신의 욕구를 효과적으로 구현할 방법을 찾아내는 방식으로 문제를 해결하고 환경을 변화시켜왔다. 그리고 과학의 도움을 받아 욕구를 만족시킬 방법을 전례 없이 증진시킬 수 있었다. 이런 과정을 통해 발전한 것이 산업이다. 그런 의미에서 산업은 도구적 이성을 동력으로 해 과학의 도움을 받아 탄생했다고 할 수 있다.

이론적 이성과 도구적 이성은 과학과 산업을 생산하며 인간 삶의 질을 획기적으로 개선했다. 이러한 경향은 4차 산업혁명 시대를 맞아 더욱 확대되고 발전될 것으로 보인다. 도구적 이성이 하는 일은 목적을 효과적으로 달성할 방법을 찾는 것이다. 사람의 경우에는 지능이 이 역할을 담당한다. 신기술이 도입되어 인간의 욕구를 달성하는 방법이 비약적으로 발전하면서 이루어진 것이 산업혁명이다. 도구적 이성, 지능, 문제해결 능력 등은 하나의 패키지라고 할 수 있다. 그리고 이 능력들이 기술을 산출해 목적을 더욱 효과적으로 이룰 수 있는 길을 열어나간다.

인공지능, 생물학적 제한에 묶인 인간의 능력을 확장시킬까?

4차 산업혁명 시대에 지능으로 대변되는 도구적 이성의 능력은 전례 없이 발전하는 중이다. 인간의 지능이 담당하던 거의 모든 영역에서 인간의 문제해결 능력을 대신하는 인공지능 프로그램들이 하루가 다르게 우후죽순 만들어지고 있다. 그뿐 아니다. 이들이 모든 영역에서 인간을 앞서는 시대가 우리가 상상하는 것보다 훨씬 빠르게 다가오는 중이다.

여기서 주목할 것이 있다. 우리는 흔히 인공지능 기술이라는 표현을 많이 쓰는데, 이 말은 오해의 소지가 있다. 인공지능 프로그램의 개발은 전통적 의미에서 기술의 의미를 넘어서기 때문이다. 전통적인 의미에서의 기술은 인간의 지휘와 통제에 의해 기계장치를 만들어 문제를 효과적으로 해결하는 방법이라고 할 수 있다. 인공지능 역시 이런 측면이 없는 것은 아니다. 전문가가 기계장치에 프로그램을 심어 문제를 효과적으로 해결하는 측면이 있기 때문이다. 그러나 인공지능은 인간이 통제하고 지휘하는 프로그램을 심어 그것에 의해 작업을 수행하는 수준을 이미 넘어섰다.

뉴럴 넷으로 대변되는 인공지능의 새로운 아키텍처는 인간이 수많은 데이터를 제공하면 그로부터 문제를 해결하기 위한 나름의 알고리즘(연산방식)을 구성해 문제를 해결한다. 어떤 알고리즘을 만들어 어떻게 답을 도출하는지는 기계장치를 만든 사람조차 알지 못하는 채로 말이다.

우리의 상상을 초월하는 초지능superintelligence이 나타날 것이라는 생각은 바로 이러한 가능성에 기반을 두고 있다. 인공지능은 인간의 문제해결 방식과 전혀 다른 방식으로 문제에 접근해 해결한다. 그리고 그 방법이 인간이 상상하지 못하는 방식으로 발전해 폭발적으로 확대될 수 있다. 인공지능은 생물학적 제한에 묶인 인간의 문제해결 능력을 확장시킬 것이며, 인공지능의 발전을 통해 욕구를 충족하는 도구로서의 이성은 새로운 차원으로 비약해갈 것이다.

실천 이성의 또 다른 줄기,
가치 이성

　도구적 이성과 이론 이성은 서로 도우며 발전할 것이 분명해 보인다. 인공지능 시스템이 자연과학의 이론적 탐구에 활용되는 영역은 점차 확대되는 추세다. 과학은 데이터를 근거로 그것을 설명하는 일반적 원리를 찾아내는 것을 목표로 한다. 때로는 결정론적인 법칙을 향해 가기도 하고 때로는 통계적 법칙을 목표로 나아가기도 한다. 방대한 데이터를 처리할 수 있는 컴퓨터는 수많은 데이터를 모은 뒤, 거기서 나타나는 규칙성을 찾아내 과학을 발전시키는 데 획기적인 도움을 주고 있다.

　이런 도움은 생명과학을 비롯해, 기상학, 천문학 등 다양한 분야에서 활용되는 중이다. 유전체 정보에서 단백질 구성을 찾아낸다든가, 환경 데이터에서 기후변화를 예측한다든가, 별의 움직임과 관련된 데이터에서 천체 운행과 관련된 규칙성을 찾아내는 등 활용 분야가 매우 폭넓다. 또한 자연과학을 통한 이론 이성의 발달은 인공지능의 발전에 도움을 줄 것이다. 소재와 관련된 과학의 발달은 인공지능 구현에 더욱 효과적인 하드웨어를 만들고 실현하는 데 획기적인 도움을 줄 수 있다.

실천 이성은 이론 이성과 협력하며 과학과 산업을 발전시켜왔다. 이 과정에서 실천 이성은 목적을 달성하기 위한 도구로서의 역할을 충실히 해왔다. 그러나 이런 도구적 역할이 행위와 관련된 실천적 이성의 모든 것이라고 할 수는 없다.

다음의 경우를 보자. 의사인 철수가 고통받는 가난한 사람들을 치료해주는 것을 삶의 의미로 생각하고, 지금 어느 벽지에서 한 환자를 치료한다고 가정하자. 이 행위가 철수에게 합리적인 이유는 무엇인가? 그것은 철수 자신이 삶의 지표로 삼는 의미를 드러내는 행위이기 때문이지, 그 행위가 어떤 다른 목적에 도달하는 최선의 수단이기 때문은 아니다.

규범도 마찬가지다. 약속 시간에 늦지 않는 것이 윤리적으로 매우 중요하다고 생각하는 사람이 약속 시간에 늦지 않게 장소로 가는 행위는 합리적이다. 그것이 합리적인 이유는 어떤 다른 목적을 구현하는 데 도움이 되어서가 아니라 자신이 추구하는 가치에 대한 적극적 표현이기 때문이다. 자식에 대한 사랑, 부모를 돌보는 행위 등도 이런 점에서 볼 때 모두 합리적인 것이다. 그런데 이들의 합리성을 행위자가 개인적으로 원하는 것 또는 개인적 선호를 구현하는 수단이기 때문에 합리적이라고 말하는 것은 그들 행위를 욕되게 하는 것처럼 느껴진다.

인간다움에 대한 생각을 인도하는 이성도 도구적 이성
과 다르다. "나는 너를 때려도 되지만, 너는 나를 때려서는
안 된다."라는 주장에 대해 우리는 불합리하다고 느낀다.
행위와 관련된 실천 이성이 이런 편파성을 용납하지 않기
때문이다. 그러나 이때의 이성은 도구적 이성이 아니다. 이
주장이 어떤 다른 목적을 달성하는 데 도움이 되지 않기에
불합리한 것이 아니다. 보편성이 결여되어 있어 행위를 인
도하는 규범이 될 수 없기 때문에 불합리하다.

행위와 관련된 실천적 이성 중에서는 도구적 이성과 구
분되는 부분이 있음에 틀림없다. 어떻게 살아야 하는가, 어
떤 의미를 추구해야 하는가, 인간다움은 어떤 모습을 지녀
야 하는가 등 규범적 영역을 담당하는 부분 말이다. 이 부
분을 '가치 이성'이라고 부르기로 하자.

인간다움은
어떤 도전을 받고 있는가

　이론적 이성과 도구적 이성은 눈부시게 활약해 인류의 삶의 질을 증진시켜주었다. 삶이 더욱 편리해졌고 쾌적해졌다. 편리하고 쾌적한 것이 삶의 질을 결정하는 중요한 요소이기는 하지만 그것이 전부는 아니다. 풍요 속의 고독이라는 말도 있지 않은가. 진정으로 온기 있는 사회를 만들려면 어떻게 해야 할까? 그것은 개인적인 욕망과 이해관계를 넘어 서로의 존엄을 의식하며 배려하는 방식으로 가치 이성의 활동 영역이 확장될 수 있는가에 달려 있다. 그렇다면

4차 산업혁명 시대는 가치 이성의 활동에 어떤 영향을 미치고 있을까?

인간이 유한성을 극복한다면
삶의 의미는 어떻게 달라질까?

인공지능과 생명과학이 결합해 암을 극복하고 줄기세포 치료가 확산되며 인공장기가 활용되는 때가 오면, 인류는 영생을 꿈꾸기 시작할 것이다. 질병이 완전히 극복된 미래, 죽음을 넘어선 미래를 상상할 것이다. 이런 발전은 삶에 대한 인간의 생각을 어떻게 변화시킬까? 영생 또는 그와 근접한 미래를 생각하는 시대에 죽음에 대한 생각이 이전과 같을 수는 없다.

죽음은 절대적 한계로 '나'라고 하는 소우주의 종말, 그래서 나에 관한 한 모든 것의 끝으로 받아들여졌다. 절대적 한계성에 대한 자각은 영원에 대한 동경을 낳았고, 이승 너머 저승을 생각하며 신의 존재를 생각하게 만들었다. 영원성에 닿으려는 욕망으로 음(音)을 배치해 화음을 만들었으며, 가변적 세계 너머의 영원한 상(像)을 회화로 표현하고자 했다. 초월적인 영역에 대한 상상은 인간의 현실을 확장해 풍요롭게 했다.

죽음을 배경에 놓고 보면, 나의 삶은 억겁의 시간 속의 한순간에 불과하다. 나의 왜소함을 깨닫게 하고, 오늘의 생존에서 고개를 들어 좀 더 넓은 시각으로 삶을 돌아보게 한다. 그저 생존을 위해 하루하루를 지탱해나가는 모습이 허무하게 느껴지도록 만든다. 또 내가 지금 산다는 것의 의미가 무엇인지를 묻게 만든다.

독일의 실존철학자 마르틴 하이데거Martin Heidegger, 1889-1976는 인간이란 죽음이라는 유한성으로 향하는 존재이며, 이를 자각함으로써 일반화된 대중 속의 한 사람으로 사는 것에서 되돌아와 자신의 진정한 모습과 직면한다고 말한다. 죽음은 이렇게 삶의 이면이 지닌 의미를 되돌아보게 하고 초월을 꿈꾸게 한다.

죽음이란 인간이 넘어설 수 없는 운명으로 인식되어왔다. 부자건 가난한 사람이건, 권력이 있는 사람이건 없는 사람이건 어느 누구도 넘어설 수 없는 것이었다. 죽음 앞에서는 속세의 모든 사람이 평등했다.

과거에도 빈부의 차이가 있었고 이것이 영양의 차이를 낳았으며, 영양의 차이는 수명의 차이를 가져왔을 것이다. 빈부의 차이에 따라 삶의 질에서 차이가 나긴 했지만, 건강과 수명에 미치는 영향이 당장 사람들의 의식에 떠오를 만큼 확연하지는 않았다. 가난한 사람이 부자보다 장수하는 경우를 보며 사람의 수명은 평등하게 하늘에 달려 있다는 생각으로 위안을 받았는지도 모른다.

그러나 노화와 죽음이 운명이 아니라 넘어설 수 있는 장애물로 인식되면 어떻게 될까? 무한한 세계 앞의 유한한 자신을 되돌아보며 삶의 의미를 생각하고, 겸허해지게 만들었던 죽음의 역할은 그 시효가 소멸할 것이다. 그뿐 아니다. 죽음이 비용을 들여 제거할 수 있는 것으로 간주되면 절대적 한계 앞에서 모든 사람은 공평하다는 환상이 깨진다. 결국 죽음이 물질과 재산에 대한 집착과 경쟁을 더욱 첨예하게 만들 가능성이 높다.

돈으로 삶을 살 수 있는 세상에서 인간다움은 유지될 수 있을까?

의학과 생명과학은 이미 인간의 노화와 생명에 직접적으로 영향을 미치고 있다. 재산이 의료 혜택 및 질병 치료와 직접적인 연관성을 가지면서 건강과 기대수명이 재산에 비례해 늘어난다는 것이 도처에서 보고되고 있다. 2018년 보건사회연구원은 2010~2015년 건강보험공단 자료와 2008~2014년 지역사회건강조사 자료 등을 분석한 결과 다음과 같은 결과를 보고했다. 소득상위 20퍼센트(소득 1분위)의 기대수명은 85.1세, 건강수명은 72.2세였지만, 소득 하위 20퍼센트(소득 5분위)는 각각 78.6세와 60.9세로 나타나 양 집단의 기대수명은 6년, 건강수명은 11년이나 차이가 났다.[85]

경제 수준에 따라 환자가 장기 이식을 받을 수 있는지 여부가 결정되고, 돈이 있으면 다른 사람들은 엄두도 못 내는 첨단의 실험적 치료를 시도해볼 수 있다. 미화로 30만 달러, 우리 돈으로 4억 원 정도가 있으면, 신체를 동결 보관해 의학이 발전한 미래에 소생하는 것을 기대해볼 수 있다고 한다.

의료가 대중화되고 미디어를 통해 정보가 일시에 유포되는 시대에는 경제 수준에 따라 수명과 삶의 질이 달라진다는 것이 공공연하게 드러난다. 생명과학과 의학이 할 수 있는 일이 많아질수록 사람들은 이러한 사실에 더욱 민감해질 것이다.

이런 상황에서 삶에 대한 본능적 집착은 경제 수준에 대한 집착으로 치환되고, 경제적 가치는 다른 모든 가치에 우선되는 것으로 부각될 가능성이 높다. 물질적 가치가 과거 어느 때보다 큰 비중을 차지하는 21세기 신자유주의 시대, 이런 추세는 더욱 강화될 전망이다.

죽음과 노화가 운명이 아니라 장애물로 인식되고, 이 장애물을 건너는 데 경제적 능력이 미치는 영향이 커지는 상황은 인간다움에 우호적이지 않다. 공존의 장은 사회 구성원들의 자유가 충분히 보장되면서도 불리한 조건에 있는 이들을 배려할 수 있을 때 마련된다. 그러나 내가 얼마를 가졌는지가 내가 얼마나 오래 살 수 있는지와 긴밀히 연결될수록 재화에 대한 집착은 더욱 심해질 것이다. 그리고 이 것은 경쟁을 강화시켜서 타인도 나와 같이 존엄한 존재임을 인정하는 공존의 문화를 구성하는 데 불리한 조건으로 작용할 것이 분명하다.

네트워크 소통,
연대의 확장인가 갈등의 조장인가

죽음을 화두로, 4차 산업혁명이 공동체 구성원들의 공존과 상호존중을 지휘하는 이성의 능력을 위협할 수 있음을 살펴보았다. 하지만 이는 단편적인 시각이라는 비판이 있을 수 있다. 4차 산업혁명이 오히려 사람들 사이의 연대를 강화하는 긍정적 측면도 있기 때문이다.

정보통신 기술의 발달로 세계는 하나로 연결되고 있으며, 핸드폰을 통해 내 손 안에서 누구와든 연결될 수 있다. 내가 어디서 무엇을 하든 엄청난 정보에 접근할 수 있으며 수많은 사람과 소통할 수 있다. 자동번역기가 발달하면서 이질적인 문화와 전통에 속한 사람들과도 소통이 가능하다. 이처럼 폭넓고 다양한 소통을 통해 다른 사회와 문화, 전통을 수용하고 그 차이를 이해하는 능력이 향상되고 있다. 사람들의 포용력이 더 깊어져 결국 사회적 연대가 강화된다는 이야기다.[86]

충분히 일리 있는 주장이다. 네트워크 세대를 오래 연구한 돈 탭스콧Don Tapscott은 새로운 세대는 네트워크 소통을 통해 힘을 모아 협동하며, 차이와 차별에 저항하는 새로운 특성을 갖고 있음을 강조한다. 그런 긍정적인 측면이 있는 것은 사실이다. 하지만 네트워크가 초래하는 부정적인 측면 역시 가볍게 볼 일은 아니다.

공감에 대한 다음의 논의에서 살펴보겠지만, 네트워크의 확대가 공존 윤리의 확대로 이어질 것이라는 생각은 단순 논리에 입각한 과도한 낙관론일 가능성이 높다. 많은 사람과 교류하면서 사람들 사이의 협동이 늘어나고 연대하는 일이 확장될 것은 분명하지만, 그것이 어떤 성질의 연대인가 역시 중요하다. 연대가 이해, 관용, 배려를 강화할 수도 있지만, 이념이나 이해관계를 같이 하는 동질 집단 사이의 연대를 강화해 더 큰 의미의 사회적 갈등을 초래할 수도 있기 때문이다.

긍정적 연대를 강화하려면
가치 이성의 기본 체력부터 길러라

결국 중요한 것은 타인도 나만큼 존엄한 존재임을 인정하는 가치 이성의 기본 체력이다. 사회 구성원들의 가치 이성이 튼튼한 근력을 갖추고 있다면, 긍정적 연대가 강화될 것이다. 그러나 도구적 이성의 압도적 위세에 눌려 이성이 개인의 욕망을 만족시키는 주요 수단이 된다면, 이는 결국 이익집단의 연대를 조장하고 사회 갈등을 악화시키는 장치로 사용될 것이다. 따라서 서로의 존엄성을 인정하고, 온기 있는 사회를 위한 긍정적 연대를 지향하는 가치 의식이 먼저 강화되어야 한다.

19세기에 포화를 받아 약해져 있던 이성은 4차 산업혁명 시대 또 다른 도전을 받고 있음을 보았다. 치열한 경쟁과 도구적 이성의 압도적 위세 속에 가치 이성이 쇠약해지는 모양새다. 이제 인간다움을 구성하는 다른 두 요소인 공감과 자유로 눈길을 돌려보자. 공감은 가치 이성에 동력을 제공하는 연료다. 공감 능력 덕분에 타인에 대한 배려가 시작되고, 여기에 이성이 참여해 보편적 규범을 만든다. 이 규범이 외적인 권위에 의해 강제되지 않고 개인의 자율적 의지에 따라 구성될 때 진정한 인간다움이 성립한다는 것도 살펴보았다. 공감에서 출발해 자율을 통해 타인도 나와 같은 희로애락의 정서를 갖고 자신의 삶을 개척해나가는 존엄한 존재임을 인정하고, 공존의 사회를 만들어나갈 때 비로소 인간다움이 갖춰진다.

우리의 공감 능력이
점점 묽어지는 이유

공감은 도덕의 출발을 가능케 만든 인간의 중요한 자산이다. 그래서 스티븐 핑커Steven Pinker는 공감을 인간이 갖고 있는 천사들 중 하나로 제시한다.[87] 그렇지만 우리가 항상 공감이라는 감정에 의해서만 움직이는 것은 아니다. 공감이 함께 사는 이웃들과의 공존과 배려에 양분을 제공한다면, 질투와 정복욕 같은 감정들은 공격성에 양분을 제공한다.

교육은 이러한 싸움을 배경으로 시작되었다. 우리는 흔

히 교육 하면 주로 지식을 가르치는 것으로 생각하지만, 동서양을 막론하고 교육의 출발은 인성을 함양하는 데 있었다. 동물과 달리 본능에 휘둘리지 않으면서 자신을 조절하고 남을 배려하는 법을 가르치는 것이 교육의 출발이었다. 당시에는 공감이라는 표현이 쓰이지는 않았겠지만, 타인의 고통을 배려하는 것을 가르쳤을 테니 이는 결국 공감의 교육이었다고 해도 틀린 말이 아니다.

온라인과 오프라인
우리가 살아가는 두 개의 세상

인터넷과 소셜미디어를 사용하는 인구가 폭발적으로 증가하고 있다. 한국 통계청 자료에 의하면 인터넷을 사용하는 인구의 비율이 2011년 78퍼센트에서 2020년 92퍼센트로 늘어났다. 지금은 그보다 더 증가했을 테니 우리나라 국민 대부분이 인터넷을 사용한다고 볼 수 있다.

인터넷 사용 인구가 증가하면 소셜미디어 또는 사회관계망서비스SNS에 참여하는 사람들의 수도 늘어난다. 2022년 기준으로 전 세계 인구의 60퍼센트에 가까운 46억 명이 소셜미디어를 사용하고 있으며, 그 수가 매년 10퍼센트

씩 증가하고 있다. 뉴스를 온라인으로 접하는 사람은 82퍼센트인 반면, 종이신문을 보는 사람은 24퍼센트에 불과하다.[88] 우리나라의 경우 인구의 91퍼센트가 카카오톡 계정을 갖고 활동하고 있다. 23퍼센트가 페이스북, 40퍼센트가 인스타그램을 사용하며, 93퍼센트가 유튜브 광고를 접한다. 평균적으로 소셜미디어에 하루 한 시간 십삼 분을 쓰고 있으며, 이를 포함해 인터넷에 다섯 시간 반을 사용한다.[89]

인터넷 접근이 컴퓨터 외에 스마트폰에서도 가능해지면서 우리는 인터넷과 스크린에 더욱 의존한다. 아침에 일어나면 이를 닦기도 전에 스마트폰을 열어 간밤에 온 문자를 확인한다. 또는 내가 올린 포스팅이나 피드에 얼마나 많은 사람이 '좋아요'를 눌렀는지, 어떤 댓글이 달렸는지, 오늘 어떤 일정이 있는지를 확인한다.

여가를 보내고 생활을 영위하는 방식도 근본적으로 바뀌고 있다. 종이신문을 읽는 대신 인터넷 기사를 보며 누가 어떤 댓글을 달았는지 본다. 사람들이 모여 있는 극장에서 영화를 보지 않고 홀로 넷플릭스에 접속한다. 음악 감상도 스트리밍 서비스나 음원 다운로드에 의존한다. 레코드 가게 점원과 어떤 음반을 살지 대화하는 것은 추억의 한 장면이 되었다. 아직은 온라인 쇼핑보다 오프라인 쇼핑의 비율이 높지만[90] 온라인 쇼핑이 기존 구매방식을 대체하는 속도가 매우 빨라지고 있다. 얼마 가지 않아 주된 쇼핑 방식도 바뀔 것이다.

이렇게 삶의 양식이 변하면서 사람들이 스크린 앞에서 보내는 시간은 무서운 속도로 늘어나고 있다. 미국 청소년이 스크린 앞에서 보내는 시간이 하루 열 시간에 육박한다는 보고도 있다.[91] 2015년 영국 통계에 따르면, 16세 이상의 성인 중 64퍼센트가 SNS를 사용하고 있다. 또한 16세에서 24세 사이의 사람들 중 92퍼센트가 SNS에 자신의 프로필을 올리는 것으로 보고되었다.[92] 10년 전의 통계임을 감안한다면, 지금은 얼마나 늘었을지 쉽게 짐작할 수 있다.

인터넷에 의존하는 이러한 환경 변화는 삶의 양식에 큰 영향을 미친다. 예를 들면 2005년에서 2012년 사이 미국에서 결혼한 사람들 중 3분의 1이 배우자를 온라인에서 만난 것으로 보고되었다.[93] 사람들의 관계 역시 영향을 받는다.

인터넷 역설과
타자 지향적 공감

일반적으로 의사소통은 사회적·정서적으로 긍정적인 영향을 미친다. 두 사람 사이에 의사소통이 늘어나면 서로를 잘 이해하게 되고, 생각이 닮아가면서 연대한다. 결국 서로에 대한 신뢰가 높아져 정서적인 안정을 찾는 데 도움이 된다. 사회 전체도 마찬가지다. 의사소통이 사회 전체로 확대되면 개인들은 사회에서 다양한 지원을 받고, 공동체 참여가 확대된다. 그 결과 인간관계는 더욱 만족스러워지고 삶에 더 큰 의미를 부여하며, 개인들은 심리적으로 더욱 안정된다. 일반적으로 그렇다. 그러나 놀랍게도 인터넷을 통한 소통의 확대는 오히려 사람들을 고립시킨다. 사회 참여가 줄고 외로움과 우울증이 늘어난다는 연구가 많이 보고되고 있다.

　로버트 크라우트Robert Kraut를 비롯해 여러 학자가 소통이 늘어날수록 사회적 참여와 지원은 줄어들고, 고립과 외로움은 늘어나는 기이한 현상을 지적했다. 그리고 이 현상에 '인터넷 역설Internet Paradox'이라는 이름을 붙였다.[94] 인터넷 역설을 주창했던 크라우트 등은 4년 후 후속 연구를 통해 자신들의 앞선 연구가 성급했음을 고백했다. 이전 연구는 이미 매우 긍정적인 대면적·사회적 관계를 갖고 있던 사람들을 연구 대상으로 삼았는데, 이것이 함정이었다는 것이다. 이들에게 인터넷 사용을 요구함으로써 그들의 삶의 형식에 혼란이 초래되었다. 그 결과 단기적으로 사회적 관계나 정서에 부정적인 영향이 나타났다는 것이다.

후속 연구에서는 이전 연구에서 3년이 지난 이후의 경과를 관찰했다. 시간이 지남에 따라 인터넷과 함께하는 생활 형태가 안정되면서 사회적·정서적으로 오히려 긍정적인 결과가 나왔음을 추가 연구를 통해 제시했다.[95] 그들 자신이 고백하듯이 인터넷이 사회적으로 긍정적인 효과를 가져오는지 아니면 부정적인 효과를 가져오는지를 판단하기 위해서는 다양한 측면에서 면밀히 살펴봐야 한다. 온라인 소통의 질이 어떤지, 온라인 소통이 확대되면서 기존 소통의 긍정적 효과들 중 무엇이 손상되는지 등을 말이다. 현재로선 많은 후속 연구가 필요한 상황이다.

인터넷을 통해 의사소통이 확대되는 것이 사회적·정서적으로 긍정적인 효과를 가져온다 해도 이것이 우리가 관심을 갖는 공감에 어떤 영향이 미치는지는 별개의 문제다. 인터넷 소통은 같은 사회적·경제적 목적을 가진 사람들을 하나의 이익집단으로 엮는 데 기여할 수 있다. 이런 소통은 개인들이 서로 동질감을 느끼게 해주고 소속감을 증진시킨다. 같은 이해관계를 가진 사람들과 소통하고 공유함으로써 정서적 고립감에서 벗어나는 데 도움이 된다.

그러나 이것이 개인들의 공감 능력에 도움이 되는지는 확실하지 않다. 우리가 관심을 갖는 공감은 상대방에게 감정이입해 그의 어려움을 더불어 염려하는 타자 지향적인 정서다. 만약 인터넷이 엮어내는 사회적 서클이 현실적 이해관계를 도모하기 위한 '나' 중심의 연대라면, 이러한 사회적 참여의 증가가 오히려 타자 지향적인 공감에는 도움이 되지 않을 수도 있다.

인터넷 사회에서
자아도취적 경향이 확대되는 이유

사회적 참여도가 증가함에도 공감 능력은 오히려 위축된다는 연구들이 여러 측면에서 보고되고 있다. 인터넷 사회에서 자아도취적인, 즉 나르시스트적인 경향이 점차 확대된다는 점에 주목할 필요가 있다. 1980년대 중반부터 2010년까지 미국 대학생들 사이에서 자아도취적인 정도가 증가했다.[96] 자아도취적인 성향은 자신의 힘과 지능에 대한 부풀려진 자아관을 동반한다.[97] 이는 타인을 서로 의존하는 동반자 관계로 인식하기보다 자신의 목적을 이루는 데 유용한 수단으로 인식하는 경향이다.[98] 이런 점에서 보면 자아도취적인 성향은 타인에게 감정이입해 배려하는 성향과 가장 대척점에 있다. 결국 자아도취적인 성향의 증가는 공감 능력의 감소로 해석된다.

많은 연구가 공감 능력 자체도 감소하고 있음을 드러내고 있다. 1979년과 30년 뒤인 2009년의 미국 대학생들을 비교해본 결과, 2009년 무렵 학생들의 3분의 2 또는 4분의 3이 공감 능력 면에서 1979년의 평균치 이하임을 보여주었다. 이는 감정이입을 통해 배려하는 성향이 반으로 줄었음을 의미한다.[99] 30~40년 전의 젊은 성인들과 비교연구한 결과, 자원봉사와 기부는 줄어들고 학교 폭력은 꾸준히 증가하는 추세다. 특히 주목할 것은 여학생들의 학교폭력이 현저히 증가하고 있다는 점이다.[100] 여성들이 남성에 비해 생물학적으로 공감 능력이 높다는 점을 고려할 때, 여학생들 사이의 학교폭력 증가는 공감 능력의 현주소에 대해 시사하는 바가 크다.

여기 소개한 연구들은 대체로 지난 30~40년간 미국에서 나타난 경향을 추적한 것이다. 대부분의 사회 현상이 그렇듯이 사회적 추세는 여러 원인이 복합적으로 작용한 결과다. 공감의 쇠퇴도 마찬가지다. 물질주의가 확산되고 경쟁이 심화되며 방송은 온갖 사고와 폭력을 집중적으로 보도한다. 이런 상황에서 사람들은 자신을 지키는 데 연연하게 되었을 테고, 그 외에도 여러 요소가 작용했을 것이다.

그러나 여러 연구는 공감의 쇠퇴가 2000~2010년 사이에 급격히 진행되었음을 공통적으로 지적한다. 이 기간은 소셜미디어와 핸드폰이 폭발적으로 보급되던 시기다. 페이스북은 2004년에, 유튜브는 2005년에, 트위터는 2006년에 서비스를 시작했다. 이 무렵 핸드폰 보급이 확장되며 소셜미디어와 인터넷은 젊은 층으로 파고들었다.

대면소통의 축소는
공감 능력을 어떻게 후퇴시키는가

인터넷과 소셜미디어의 확대로 소통의 양과 범위가 넓어졌는데 왜 공감은 후퇴할까? 전통적 소통은 대면적인 반면, 이들의 소통은 비대면적이고 문자화되어 있다는 점에 주목할 필요가 있다. 대면적 관계에서의 언어적 소통은 음성을 통해 이루어지는데, 음성에는 문자로 표현되는 인지적 정보 이외에 수많은 정보가 들어 있다. 목소리의 떨림, 톤, 옥타브 등이 함께 전달되는 것이다.

이런 정보들은 말하는 사람이 어떤 마음 상태에 있는지 이해하는 중요한 단서로 작동한다. 때로는 같은 내용이라 하더라도 음성을 통해 소통하는가, 문자를 통해 소통하는가에 따라 의미가 상당히 다르게 전달된다. 예를 들어 해고 통보가 문자로 전달될 경우와 전화로 전달될 때를 생각해보자. 문자 통보의 경우 그 내용이 아무리 친절하고 진솔해도 문자로 통보한 것 자체가 무례한 행동으로 여겨지기도 한다.

대면 소통에서는 음성 이외에도 얼굴 표정, 신체 동작과 같은 비언어적 요소들도 중요한 역할을 한다. 문자로 농담하는 것은 쉽지 않다. 이모티콘과 온갖 특수문자를 사용하더라도, 문자화된 농담은 오해를 불러일으키기 십상이다. 왜냐하면 대면적 대화에서 사용되는 표정이나 몸짓, 뉘앙스의 도움을 받지 못하기 때문이다. 대면 소통에서는 짓궂은 표정만 짓더라도 농담임을 분명히 전달할 수 있는데, 이것 없이는 진담으로 오해받기 쉽다.

우리는 어릴 적부터 사람들과 직접적으로 접촉하며 표정과 동작을 사용해 의사소통하는 법을 배워왔고, 의미를 이해하는 방법을 숙달해왔다. 그래서 앞에 있는 사람이 농담을 하는 건지 진지한 이야기를 하는 건지 쉽사리 파악한다. 그러나 온라인이 소통의 중심이 되면서 대면적이고 구두적인 의사소통의 양은 대폭 줄고, 문자를 통한 텍스팅 형태의 의사소통이 주종을 이루게 되었다. 이런 환경이 일반화되면서 동작과 표정은 물론, 음성을 통해 상대방의 마음을 읽어내는 능력은 점차 쇠퇴하고 있다.

흔히 MZ세대, 넷세대 또는 디지털 원주민이라고 불리

는 젊은 세대는 인터넷과 모바일의 폭발적 증가 속에서 자라난 세대다. 이들에게는 온라인을 통한 의사소통이 주종을 이룰 수밖에 없다. 이는 새로운 세대가 이전 세대에 비해 상대방의 감정을 읽어낼 단서들에 적은 빈도로 노출되었음을 의미한다. 그렇다면 자연스럽게 상대방의 상태를 읽는 능력이 부족할 것임을 추측할 수 있다. 반복된 훈련의 기회가 줄어들면 상응하는 능력이 떨어지는 것은 당연하기 때문이다.

스크린에 노출되는 시간과 자폐 사이의 연관성에 대한 연구는 이런 측면에서 주목할 만하다. 자폐는 관계를 맺는 상대방에 대한 관심이 현저히 떨어지고, 상대방의 입장에서 그가 어떤 생각을 하는지 이해하는 능력 역시 매우 떨어져 사회적 관계 형성을 정상적으로 하지 못하는 증상이다.

코넬대학교 연구진은 스크린에 노출되는 시간의 증가와 자폐적 성향의 증가 사이에 긴밀한 연관성이 있음을 밝혀냈다.[101] 이들이 정확히 어떤 인과적 관계에 있는지는 더 연구할 필요가 있다. 다른 해석도 가능하기 때문이다. 현대에 들어오면서 자폐에 대한 감수성이 향상된 것이 자폐의 통계가 늘어난 원인이지, 비대면 관계의 확대가 원인이 아니라고 주장할 수도 있다. 그러나 자폐에 대한 의식 수준이 높아지고 진단 기준이 낮아진 것을 고려하더라도 증가

속도가 현저히 상승했다는 연구결과가 나와 있는 것을 보면,[102] 비대면 관계의 확대가 자폐의 증가에 기여한다는 점은 부정하기 어렵다.

상대방의 마음을 읽는 능력이 저하되는 것은 감정이입 능력이 떨어짐을 의미하고, 이는 공감 능력 저하로 이어진다.[103] 온라인 소통은 상대방이 어떤 감정 상태에 있는지를 읽어내는 훈련의 기회를 충분히 제공하지 못한다. 이런 환경에서 성장하면 내가 하는 행동이 상대방의 감정에 어떤 영향을 미치는지 파악하는 능력이 약화된다. 이는 상대방과 공감하면서 자신의 행동을 타인들과 조율하는 능력 역시 떨어뜨리게 된다.

공감 능력이 떨어질수록
사이버불링은 증가한다

사이버불링cyber-bullying 현상은 인터넷의 확대와 공감 능력 저하 사이의 긴밀한 연관성을 보여준다.[104] 한동안 인터넷을 통해 상대방을 가혹하게 공격하거나, 무리를 지어 왕따시키는 사이버불링이 많은 논란이 되었다. 이런 경향은 지금도 계속되고 있으며 개선될 기미가 보이지 않는다.

많은 사람이 사이버불링의 원인을 인터넷이 갖고 있는 익명성에서 찾는다. 인간은 본성적으로 공격성을 갖고 있는데, 이 공격성이 익명성 뒤에 숨어 공공연히 표출된다는 것이 그 설명이다. 분명 이러한 측면을 무시할 수는 없다. 하지만 연구자들은 자신의 행동이 상대방에게 어떤 영향을 미치는지 제대로 보지 못하기 때문에 이런 일이 일어나는 측면도 무시할 수 없음을 지적한다.[105] 말하자면 이런 논리다. 인터넷을 통한 소통에 익숙한 사람들은 자신의 행동이 타인에게 미치는 영향에 둔감하다. 즉 공감 능력이 떨어지고 그 결과 타인에게 상처를 주는 가혹한 말이나 행위를 하게 된다는 것이다.

우리가 의식적으로 개입하지 않는 한 인간관계는 더욱 비대면화할 것이다. 이것은 공감 능력 저하를 가속화하고, 그에 상응해 온라인상의 폭력적 성향도 증가할 것이다. 결국 자신의 생존에 매몰되지 않고 서로를 배려하며 함께 사는 사람다운 모습은 지속적인 위협에 노출될 수밖에 없다.

인공지능이 선택을 대신하는
삶의 미래

인간다움을 구성하는 삼각편대의 마지막 축인 자유·자율로 관심을 옮겨보자. 앞서 자유와 자율을 구분하고, 이를 소극적 자유와 적극적 자유를 통해 설명했다. 이들 모두가 인간의 존엄을 위해 중요하다는 것도 살펴보았다. 자유롭게 행위를 결정하고 자기의 삶을 구성하며 책임지는 자율적인 개인의 모습은 4차 산업혁명 시대를 맞아 어디로 향하고 있을까?

인간은 지렛대를 사용해 성을 쌓고
종이와 펜으로 지식을 공유해왔다

4차 산업혁명이 인간의 자율에 어떤 영향을 미치는지를 생각하기 위해서는 인공지능과 빅데이터의 발전이 사람들의 추론과 판단에 어떤 영향을 미치는지에 주목할 필요가 있다. 새롭게 부각되는 삶의 모습들을 살펴보자.

목적지에 빠르게 도착하고 싶을 때 우리는 네비게이션에 의존해 가장 시간을 단축할 수 있는 경로를 검색하고 기계가 추천하는 대로 이동한다. 음악이 듣고 싶을 때는 음악 포털 사이트가 추천하는 음악을 듣는다. 어차피 선택할 음악이 너무 많아 무엇을 들어야 할지 모르는 나에게 음악 포털 사이트는 내가 과거에 들었던 음악들을 참고해 좋아할 만한 곡을 곧잘 추천해준다. 새로운 곡을 찾으려고 많은 시간을 들이고도 별로 만족하지 못했던 기억에 비추어보면, 이 사이트의 추천을 따르는 것이 현명하다는 생각이 든다.

친구와 새로운 장소에서 만나기로 하고 어디에서 점심을 먹을지 고민될 때 나는 포털 사이트를 검색한다. 만나기로 한 동네 맛집을 검색하고 방문자들의 리뷰를 참고해 식당을 선택한다. 많은 사람의 경험이 데이터로 쌓이고, 또 그 데이터를 처리하는 소프트웨어가 더욱 발전하면서 점점 더 믿을 만한 정보를 나에게 제공한다. 빅데이터를 통해 데이터베이스가 폭발적으로 확대되고, 데이터를 처리하는 알고리즘이 발전하면서 기계에 판단을 의존하는 일은 삶의 모든 측면으로 확대되어간다.

외적인 장치의 도움을 받아 인간의 능력을 확대하는 일은 산업화 과정에서 처음으로 나타난 것이 아니다. 인간의 문명이 시작된 이래로 내내 있었던 일이다. 막대를 사용해 손이 닿지 않는 곳의 열매를 따서 먹었고, 지렛대를 사용해 맨손으로 들 수 없는 물건을 옮겨 성을 쌓았다.

육체를 사용하는 일에만 도구가 도움이 되었던 것은 아니다. 생각하는 일에도 도움이 되었다. 종이와 필기도구가 만들어지면서 이전에 배웠던 것들을 공책에 기록하고 책을 통해 지식을 공유하고 전승했다. 그렇게 사람들이 갖고 있는 지식은 미래로 전수되어 문제를 해결하는 능력이 누적적으로 발전했다. 암산에만 의존하던 인간의 계산 능력은 필기도구를 사용함으로써 대폭 증대되었다. 십 단위 이상의 숫자들을 능히 곱해 계산할 수 있게 된 것이다. 주판이 나오면서부터는 곱셈과 덧셈을 하기 위해서 머리를 쓸 필요가 없어진다. 손가락을 사용해 주판알을 튕기면 답이 나오기 때문이다.

외부 시스템에 의존하는
추론과 판단의 외주화

컴퓨터와 인공지능, 그리고 데이터 사이언스의 발전은 이 과정을 폭발적으로 확대시킨다. 자판 몇 번 두드리면 곱셈, 나눗셈은 식은 죽 먹기다. 목적지만 입력하면 그곳에 도달할 수 있는 가장 최적의 길을 네비게이션이 알려준다. 인터넷에 연결된 단말기들 덕택에 이전에는 많은 시간과 노력을 들여 생각하고 추론해야지만 해결 가능했던 문제들이 순식간에 해결된다.

도구를 사용해 추론하고 판단하던 일도 이제는 기계의 몫이다. 과거에는 추론과 판단은 인간이 하고 그 과정을 쉽게 하려고 외부의 기기에 의존했었다. 그러나 인터넷과 인공지능이 발전하면서 추론과 판단 자체를 외부 시스템에 의존하는 추론과 판단의 외주화outsourcing가 일어나고 있다.[106]

인지적 과정이 기계에 의존하는 형태는 두 단계로 구분될 수 있다. 첫째, 어떤 일을 하기로 결정한 상태에서 그 목적을 이루기 위한 수단으로 기계를 사용하는 것이다. 내가 곱셈을 하기로 결정한 상태에서 주판이나 계산기에 의존해 연산하는 경우다. 멀리 있는 것을 잘 보기 위해 망원경을 활용하는 것, 대량 생산을 위해 자동화 설비를 설치하는 것, 물류를 효율화하기 위해 도로를 만들고 새로운 운송수단을 개발하는 것 등이 여기에 해당한다. 이러한 의존을 도구적 의존이라고 하자.

둘째, 목적을 결정할 때 아예 기계에 의존하는 것이다. 예를 들어 휴가를 어디로 가면 좋을지 기계에 의존해 휴가지를 결정할 수 있다. 전공을 결정하고, 지금 사귀는 사람과 결혼할 것인지를 결정하기 위해 빅데이터와 인공지능에 의존할 수 있다. 이런 의존을 목표 의존이라고 하자.

도구 의존성, 인간의 발전에 기여하다

4차 산업혁명으로 진입하기 전의 의존 관계는 대체로 도구적 의존이었다. 문제해결을 위한 인지적 판단을 위해 보조장치를 사용하는 도구적 의존은 문명 초기부터 있었고, 이에 대한 문제 제기도 그만큼 긴 역사를 갖고 있다. 소크라테스는 도구적 의존을 비판하면서 다음과 같이 말한다.

자신의 한 부분이 아닌 외부적인 문자들에 의해 만들어진 저술을 신뢰하면, 스스로의 기억을 점차 덜 사용한다. 기억의 만병통치약이 아니라 상기시켜주는 장치의 만병통치약이 발명되면서, 학생들에게 진정한 지혜가 아니라 지혜의 외관만을 제공한다. 그들은 별다른 지도 없이 많은 것을 읽고 많은 것을 아는 듯이 보이지만, 실제로는 무지하며 지혜로워 보일 뿐 실제로 지혜롭지 않아 같이 지내기도 어렵다.[107]

소크라테스는 당시 학생들이 필기도구에 의존해 학습하는 것을 비판했다. 노트 필기에 의존함으로써 학생들의 기억력과 사고력이 쇠퇴해 지혜를 가장하게 될 뿐 실제로 지혜로워질 기회는 오히려 손상된다는 것이다. 그러나 역사의 과정을 돌아볼 때 소크라테스의 주장은 별로 설득력이 없다. 우리의 판단을 돕는 많은 도구와 장치는 문명의 발전에 도움이 되었고, 인간들의 인지적 능력이 그들을 통해 오히려 개선되었다.

지도가 발전해 지리에 관한 판단력이 증진되었고 공책, 줄자, 계산기 등이 개발되면서 단순한 작업들은 보조장치가 대신 처리해주었다. 이를 통해 사람들은 더 중요한 일에 자신의 지적인 능력을 활용할 수 있었다. 문명의 발전도 그런 장치들에 의존했다. 영국의 철학자 화이트헤드Alfred North Whitehead는 다음과 같이 말한다.

각종 저술에서 저명인사들이 우리가 하는 일을 직접 생각하는 습관을 길러야 한다고 반복적으로 연설하는데, 이것은 심각한 오류가 있는 진부한 이야기다. 사실은 정확히 그 반대다. 우리가 생각하지 않고 수행할 수 있는 중요한 일들을 확장하는 과정을 통해 문명은 발전했다. 사고를 활용하는 것은 전투에서 기병대의 돌격을 사용하는 것과 같다. 숫자가 제한되어 있고 건강한 말을 필요로 하므로 이는 결정적인 순간에만 해야 한다.[108]

사람의 의식적인 기억의 용량은 제한되어 있어서 중요한 일에 사용되어야 한다는 이야기다. 우리가 구구단을 외우면 7 곱하기 8이 무엇인지를 계산하기 위해 의식적으로 생각할 필요가 없다. 자동화되어 56이라는 답이 의식적 노력 없이 나오기 때문이다. 구구단을 외우는 데 사고력을 사용하지 않고 자동으로 답을 낼 수 있다면, 사고의 잠재력을 비축해 더 중요한 일에 사용할 수 있으며, 이렇게 문명이 발전한다는 이야기다.

4차 산업혁명 시대에 인공지능이 사람들의 지적인 작업에 조력자로 도입되는 것에 대해서도 같은 이야기를 할 수 있을까? 지루한 작업을 인공지능에게 외주를 줌으로써 사람들이 더 중요한 일에 몰두하도록 도와주는 긍정적인 효과를 가져온다고 볼 수 있을까?

이에 대해서는 다양하고 상반된 의견들이 나오고 있다. 어떤 이들은 여전히 소크라테스와 같은 입장이다. 이들은 인공지능에 대한 의존도가 커지면서 문제를 해결하는 정신적 소양이 퇴화한다고 주장한다.[109] 또한 정보화 사회의 특징적인 측면에 주목하기도 한다. 인터넷 사회에서 밀려드는 정보의 홍수에 매몰되어 소셜미디어에 정보를 올리고, 업데이트하고, 가짜 뉴스에 정신이 팔려 산만해진 결과 중요한 일에 집중하지 못한다는 주장도 있다.[110]

인공지능이 삶에 깊이 파고들면서 우리의 인지적 판단은 더욱 기계에 의존하게 될 것이다. 그러나 기계 의존적이라는 표현이 주는 부정적인 이미지 때문에 과도하게 미래를 비관할 필요는 없다. 소크라테스가 걱정한 것처럼 보조장치가 도입될 때마다 인간의 인지능력이 퇴화되었다면, 지금의 인간은 모두 백치 상태에 있어야 한다.

지금까지 이어져온 문명의 역사를 보면 인간의 판단을 돕는 수많은 인지적 장치가 도입될 때마다, 인간은 더욱 현명해졌다. 기존의 사고 과정을 기계가 대신할 때, 우리는 더 높고 가치 있는 문제를 제기하며 인지능력을 향상시켜 왔다. 지금은 인공지능이 급속도로 확산되는 초기이기 때문에 어떤 새로운 능력을 향해 나아가야 할지 불분명하다. 또한 미래에 대해 부정적인 생각이 팽배할 수 있다.

그뿐 아니다. 지금 인공지능은 단지 우리가 시키는 방식으로 문제를 해결하는 것이 아니라, 스스로 알고리즘을 만들어 나름의 방식으로 문제를 해결한다. 이처럼 인공지능이 접해보지 못한 수준으로 발전하고 있기에 이런 우려가 더욱 증폭되는 경향이 있다. 그러나 인류는 과거에 그랬듯이 미래에도 창의성을 발휘해 더 높은 수준의 지적인 차원으로 기계를 포용하고 나아갈 것이다.

우리는 보이지 않는 가시 철사에
묶여 자율성을 빼앗긴 것일까?

인공지능의 도움으로 도구적 차원의 문제해결 능력은 더욱 창의적으로 발전할 것이다. 그러나 인공지능의 조력이 우리가 이미 선택한 목표를 성취하는 효율적 도구로 작동하는 것을 넘어서서 목표 설정 자체에 개입하면 이야기는 다른 차원으로 전개된다. 내가 나의 삶의 목표를 선택하고 추구할 수 없다면, 내가 아닌 다른 사람 또는 다른 장치가 나의 선택을 대신한다면, 나는 내 삶의 주인이라는 위치에서 내려오게 된다. 그렇게 되면 나의 삶을 책임지고 추구하는 자율성이 침해될 뿐 아니라, 나의 행복과 성취감에 중요한 영향을 미친다.

넷플릭스를 통해 영화를 감상한다고 해보자. 넷플릭스는 단지 내가 어떤 영화를 볼 것인가를 결정한 후에 그 영화를 검색해볼 수 있게 해주는 도구적이고 수동적인 역할만 하지 않는다. 물론 도구적으로 사용하는 것도 가능하지만, 우리는 이미 넷플릭스가 그 이상을 한다는 걸 잘 알고 있다. 내가 보았던 그리고 검색했던 영화들을 기억하고 있다가, 그것을 토대로 나의 취향을 분석해 내가 좋아할 만한 영화들을 추천하고 제안한다. 방대한 데이터베이스와 영화들을 분류하고 사람들의 취향을 분석하는 알고리즘을 결합해, 취향과 몇 퍼센트 일치하는지까지 알려준다. 물론 누구도 내가 넷플릭스의 추천을 따라야 한다고 강제하지 않았고, 안 따른다고 해서 특별한 처벌을 받는 것도 아니다. 그리고 단수의 추천만이 아니라 복수의 추천이 있기 때문에 결국 내가 선택하는 모양새를 갖춘다.

그러나 중요한 것은 나의 선택은 넷플릭스가 제안한 것들로 범위가 제한된다는 데 있다. 요약하자면, 내가 선택한 듯한 외양을 갖추었지만, 속을 들여다보면 나는 넷플릭스의 손바닥 안에서 움직이고 있는 셈이다. 조금 과하게 이야기하면 나의 선택이 넷플릭스에 의해 조종되며 강제되고 있다.

이런 사례는 이미 우리 주변 도처에서 찾아볼 수 있다. 내가 자주 방문한 음악 포털 사이트는 '내가 좋아할 만한 음악'의 폴더를 만들어 나에게 추천해주고, 유튜브는 홈페이지를 여는 순간 내가 이전에 방문한 주제들과 유사한 동영상을 대놓고 전면에 배치한다.

사실 이것은 고마운 일이기도 하다. 2022년 10월 기준으로 넷플릭스에는 1만 7000개가 넘는 콘텐츠가 있어서 추천이 없으면 무엇을 보아야 할지 선택하는 데 시간을 모두 보내야 할 판이니 말이다. 유튜브의 친절함 덕에 나는 이런저런 검색어를 넣으며 무엇을 볼지 고민하지 않아도 된다. 마땅히 무엇을 들어야 할지 모를 때는 그저 음악 사이트에서 추천하는 음악에 마음을 실으면 된다. 이 친절함에 감사해하는 사이 나의 선택은 나의 자발적 결정 범위를 떠난다. 우리는 자율적 선택을 하는 것에 점점 더 게을러지고,[111] 우리의 선택은 그들의 선택으로 대체된다. 어떤 이는 이러한 상황을 빅데이터라는 보이지 않는 가시 철사에 묶여 선택이 제한되는 상황에 비유한다.[112]

인공지능에 선택을 의존하는 상황은 이성에도 부정적인 영향을 미친다. 인공지능이 도입되기 전까지만 해도 이성은 우리의 행동 결정에 중요한 역할을 해왔고, 행위자의 자율성을 이루는 중요한 요소로 작용했다. 집으로 가기 위해 버스를 탈지 지하철을 탈지 고민한다. 지하철을 타기로 결정한 후에는 역에 도달하기까지 걸어갈 것인가 버스를 이용할 것인가를 결정해야 한다.

이런 모든 선택의 배후에는 이유가 놓여 있다. 버스가 아니라 지하철을 타기로 한 이유가 있고 역까지 걸어가기로 한 것에는 또 나름의 이유가 있다. 이유를 통해 행위를 결정하고, 그에 비추어 정당화하는 일을 그동안 이성이 해왔다. 그러나 인공지능이 도입되면서 선택의 이유를 고민하는 이성은 잠자고 교통 포털이 제공하는 경로를 별생각 없이 따른다. 선택을 위한 고민을 외부에 의존하다 보니 이성을 통해 상황을 성찰할 기회는 줄어든다. 스스로의 삶을 그려나가는 자율성도 그만큼 위축된다.

위의 이야기를 보고 자율적 삶이 위축되는 것을 과장한다고 항변할 수 있다. 교통 포털은 수많은 선택지 중에서 우리가 고려할 몇 가지 옵션들을 제안해 편의성을 도와준다. 결국 선택은 행위자의 몫이기 때문에 자율적 이성은 위협을 받지 않는다고 주장할 수도 있다. 그러나 선택지를 좁히는 과정에 나의 취향이나 가치가 반영되지 않고, 포털을 운영하는 외부 주체의 관심이 작용한다면 행동 주체의 자율성이 약화된다는 주장은 부정할 수 없다. 그뿐 아니다. 빅데이터와 인공지능이 더욱 발전하고 삶의 도처로 확산되면서 사람들은 더욱 의존적으로 변하고 있다.

모든 선택을 인공지능이 대신한다면
인간의 자율성은?

세계 최고의 바둑 기사들이 알파고에게 처참히 무릎 꿇는 것을 보며 우리는 인공지능의 위력에 경탄한다. 인공지능은 내로라하는 명의들을 무색하게 할 정도로 증상을 보고 정확하게 병을 진단한다. 챗-GPT가 이전에는 상상도 하지 못할 수준으로 우리의 질문에 영리한 대답을 내놓는다. 이미 놀라운 능력을 입증하고 있는 인공지능 기술이 앞으로 얼마나 더 빠른 속도로 발전하고 더 놀라운 능력을 보여줄지 가늠하기 어렵다. 이런 환경에서 우리는 인공지능을 더욱 신뢰하고 의지하게 될 것이다.

결혼을 앞둔 두 사람의 미래를 예측하는 궁합 인공지능을 상상해보자. 이 인공지능은 개인들의 성향과 다양한 사람들의 혼인 이후의 결과에 대해 엄청난 분량의 데이터를 장착하고 있다. 이제 두 사람이 각기 자신들의 성향에 관한 데이터를 제공하자, 인공지능이 이 자료와 두 사람이 인터넷상에서 검색한 이력을 바탕으로 성향을 분석해 다음과 같은 결과를 제시한다.

'두 사람이 10년 내에 이혼할 확률이 50퍼센트, 20년 내에 이혼할 확률이 80퍼센트, 이혼하지 못하고 서로를 불행하게 만들며 살 확률이 20퍼센트.' 과거에 점쟁이의 예측을 무시하며 뜨거운 사랑을 믿고 결혼했던 두 사람이 인공지능의 예측을 무시하고 결혼으로 향할 수 있을까?

철학을 전공하려는 사람이 자신의 미래가 궁금해 인공지능에게 묻는다고 해보자. 철학 관련 경력을 중도에 포기하고 결국 다른 방향의 경력을 추구할 확률이 90퍼센트라는 답이 돌아온다면, 그는 과연 철학자의 길을 선택할 수 있을까?

인공지능 기술이 발전함에 따라 인공지능이 제공하는 선택지는 더욱 좁혀질 가능성이 높다. 이 과정을 겪으며 우리는 자율성이 훼손된다는 느낌보다는 사는 것이 훨씬 더 편해졌다고 느낄지도 모른다. 어차피 선택이라는 것은 부담스러운 일이고 부담을 덜기 위해 자율적 선택의 폭을 어느 정도 양보하는 것은 불가피한 일이며, 편의를 위해 그 정도 비용은 지불 가능하다고 생각할 수 있다. 이런 추세에 익숙해지면 의존도가 높아지고 결국은 대부분의 선택을 인공지능에 외주를 주어 자율성이 심각하게 손상되는 결과가 나타날 수 있다.

나는 누구인가

이쯤에서 '나는 누구인가?', '나를 나이게 하는 것은 무엇인가?'라는 조금 무겁고 철학적인 문제를 생각해보자. 개인의 탄생을 살펴보는 과정에서 보았듯이 개인은 하나의 소우주micro-cosmos로서 그 안에서 나름의 세계를 만들어나가는 존재로 부각되었다. 그리고 자기만의 소우주에서 개인은 변해간다.

나의 선택들이 모여
내가 누구인지를 결정한다

10년 전의 나와 지금의 나는 같은 사람인가, 다른 사람인가? 같기도 하고 다르기도 하다. 10년 전의 사진을 보고 한 인물을 가리키며 '나'라고 이야기하는 건 이상할 것이 없다. 둘을 같은 사람으로 보는 것인데 이는 시공간을 꿰뚫어 연속선상에 이어져 있기 때문이다. 다른 한편 '지금의 나는 그때의 내가 아니다'라는 표현도 자연스럽다.

세상을 바라보는 눈이 다르고, 스스로 가치를 두는 대상이 다르며, 그 결과 동일한 상황에서 행위를 선택하는 성향이 다르기에 과거의 나와 지금의 나는 다른 사람이라고 할 수 있다. 무엇을 전공할 것인지, 결혼을 할 것인지, 자식을 갖기로 했는지 등 살아오면서 수많은 선택이 있었다. 그리고 그 선택에 의해 나의 환경은 달라졌으며, 그 결과 나의 가치관과 행동을 선택하는 성향도 달라졌다.

내가 '누구'가 되는가는 나의 선택에 의존한다. 나의 선택이 빅데이터와 인공지능에 의존한다면, 여기서 어떤 결론이 나오는지는 분명하다. 내가 어떤 사람이 되는가 역시 빅데이터와 인공지능에 의존해 결정된다. 나 자신의 이성적 성찰에 의해 내가 어떤 삶을 원하는지가 선택되지 않고,

빅데이터에 기반해 인공지능 알고리즘을 사용하는 외부 시스템에 의해 결정된다는 말이다.

다소 과장되게 들릴지 모르지만, 사실 인간이 점차 로봇을 닮아가는 모양새다. 로봇은 데이터와 알고리즘에 따라 상황에 기계적으로 반응하는 기계장치다. 만약 사람들이 외주화한 인공지능의 판단과 추천에 압도적으로 의존한다면 로봇과 크게 다를 바 없다. 차이가 있다면, 로봇의 경우에는 인공지능 프로그램이 로봇 내부의 CPU에 들어 있는 반면 인간의 경우에는 외부의 별도 시스템에 있다는 것뿐이다. 로봇도 외부의 시스템에 의해 원격 조종될 테니 머잖아 이 차이마저 사라질 것이다.

개인의 생각과 삶을
교묘하게 조종하는 하이퍼-넛지

누차 보아왔듯이 자율성은 스스로가 자기 삶의 주인이 된다는 것을 의미하며, 인간다움과 의미 있는 삶의 핵심을 이루는 가치다. 판단과 결정이 아무리 나에게 유용한 결과를 낳는다 하더라도, 그 유용성을 얻기 위해 자율성을 포기할 수는 없다. 나에게 가장 유익한 결과를 판단해주는 존재가 있다 하더라도, 나는 자율성을 포기하고 나의 삶과 관련된 판단을 그에게 위임하는 선택을 하지는 않을 것이다.

삶의 선택을 의존하는 것은 그의 노예가 되기를 선택하는 것과 같다. 과거 권위주의와 싸워 어렵게 얻은 인간다움의 중요한 자산을 포기하는 것과 같다. 그런 점에서 4차 산업혁명 시대에 빅데이터와 인공지능에 의존하며 자율성을 잃어가는 것은 권위주의로 퇴행하는 결과를 가져온다. 다만 한 사회의 특정 계층이 권위로 군림하는 것이 아니라, 그 자리를 인간이 만든 인공지능 시스템이 차지한다는 차이가 있을 뿐이다.

더욱 우려스러운 것은 인공지능에 의존함으로써 우리의 판단과 결정이 인공지능 알고리즘을 제공하는 사람들에 의해 조작될 수 있다는 점이다. 이를 이해하기 위해 심리학에서 잘 알려진 '넛지nudge'를 우선 살펴보자. 넛지는 팔꿈치로 슬쩍 밀어 일정 방향으로 행위하도록 유도하는 것을 의미한다. 명시적으로 행위에 간섭하거나 개입하지 않으면서도 행위자의 선호, 취향 등을 고려해 상황을 은근슬쩍 조정함으로써 행위자가 무의식적으로 행동을 변화하게끔 유도하는 기술이다.[113] 예를 들어 마트에서 재고가 쌓이는 물품을 소진하기 위해 사람들의 눈높이에 맞춰 진열하는 것을 들 수 있다. 사람들은 눈에 띄는 물품을 사는 무의식적인 성향이 있기 때문에 그 물품은 다른 높이에 진열된 물품에 비해 더 많이 팔린다.

하이퍼-넛지hyper-nudge는 온라인상에서 일어나는 넛지를 말한다. 온라인상에서 이뤄지는 개인의 검색 기록 등을 통해 특정 개인이 갖는 성향과 관련된 데이터를 수집하고 분석한다. 그런 후 그 개인에게 맞춤형 광고 또는 메시지를 전달해 판단과 결정을 변화시킨다. 예를 들어 한 사람이 인터넷 쇼핑 중 오후 4시에 물건을 사는 경향이 파악되면, 광고를 그 시간에 노출시키는 것이다.

하이퍼-넛지는 개인 특유의 취향, 편견, 감수성의 분석을 토대로 개인의 행위에 영향을 미치려 한다는 점에서 일반적인 넛지와 다르다. 개인화되어 있어서 하이퍼-넛지는 일반 넛지에 비해 훨씬 교묘하고 효과가 좋다.[114] 더 나아가 인터넷 사용자의 성향 변화를 실시간으로 추적해 영향을 미칠 수 있다. 그뿐 아니라 무드와 느낌까지도 실시간으로 반영해 영향을 미칠 수 있을 만큼 역동적이다.[115]

인공지능은 데이터에 의존해 한 개인의 다양한 성향을 다층적으로 분석한다. 그에 따라 막강한 데이터에 기반해서 그의 행동을 변화시키기 위해 온라인 환경을 어떻게 조종할 것인가를 결정한다. 이렇게 행위를 변화시키는 기술은 급속도로 발전해나갈 것이다. 오늘날 이런 기술이 활용되는 영역은 상업적 영역이기는 하지만, 그 범위는 플랫폼이 있는 여러 영역으로 점차 확대되고 있다.

2016년 미국 선거에서 캠브리지 애널레티가^{Cambridge Analytica}라는 회사가 페이스북을 활용해 선거권자들의 투표에 영향을 미친 것은 비상업적 영역에서 벌어진 하이퍼-넛지의 대표적인 사례라 할 수 있다.

지금까지의 내용을 요약해보자. 판단과 결정을 대리하는 빅데이터와 인공지능이 결합해 더욱 발전하면서 사람들이 판단과 결정을 기계에 의존하는 성향은 점차 강화되고 있다. 물론 아직은 우리 인간이 모든 결정을 인공지능에게 외주화하고 있지는 않다. 그러나 우리가 주목해야 할 것은 추세다. 인공지능은 급속도로 발전하고 있으며 우리는 기계에 판단을 의존하는 일에 점차 익숙해지고 있다.

이런 상황이 가속화될 때 인간이 비싼 대가를 치르며 획득한 인류의 자산인 자율성이 위험에 빠질 가능성은 농후하다. 더욱이 빅데이터와 인공지능 기술은 주로 상업적 민간 사업체에 의해 주도되고 있다. 이 추세가 이어진다면, 하이퍼-넛지에 의해 개인들의 선택이 조종받는 경향은 더욱 가속화될 것이다. 나아가 상업적 영역을 넘어 삶의 구석구석을 오염시킬 수 있다.

인간다움에 대한 고민 없이
미래를 꿈꿀 수 있는가

'인간다움'을 좇아 먼 길을 왔다. 인간다움을 구성하는 요소들이 만들어지는 과정을 살펴보았고, 이들이 결합해 오늘 우리의 정신을 지배하는 인간다움의 개념이 형성되는 과정을 훑어보았다. 인간다움은 19세기 반이성주의와 진화론에서 유래한 파도를 건너왔으며, 오늘 또다시 4차 산업혁명의 파도와 마주하고 있다.

인간다움을 위협하는 부분들에 이야기가 집중되다 보니 4차 산업혁명 시대와 관련된 이야기에서 우려에 집중된 면이 있다. 디스토피아적인 호들갑으로 사람들의 주목을 끌기 위해서가 아니다. 우리의 미래가 걱정하는 방향으로 흘러갈 것이라는 운명론적 이야기를 하는 것도 아니다. 그만큼 인간다움을 귀중한 자산으로 생각하기 때문이다. 어떤 미래가 우리에게 올 것인지는 오늘을 사는 우리가 어떻게 하느냐에 달렸다. 그 중요성을 인식하자는 것이다.

인간다움에 대한 우리의 생각이 만고불변의 진리라는 이야기도 아니다. 인간다움에 대한 고대인들의 생각이 오늘 우리의 생각과 다르듯 인간다움에 대한 오늘의 생각도 역사 속에서 달라질 수 있다. 그러나 성찰하지 않고 그저 변화하는 세태에 몸을 맡길 수는 없다. 우리는 비싼 대가를 치르고 인간다움에 대한 생각에 도달했다. 그런 만큼 현재 우리가 처한 도전이 무엇인지 올바르게 인식한 뒤, 보존할 것은 보존하는 노력을 해야 하지 않겠는가? 대화를 시작하자는 이야기다. 인간다움에 대한 도전에 눈을 감는 것은 결코 인간답지 않기 때문이다.

인간다움을 지키는 첫걸음

책을 마무리하며 되돌아보니 여전히 아쉬움이 남는다. 인간다움이 귀중한 자산이며 도전을 받고 있다면, 이 자산을 유지 보존하기 위해 무엇을 해야 하는지가 궁금해진다.

그러나 이 책의 논의가 거기까지 이르지는 못하고 있다. 문제만 진단하고 해결책을 제안하지 않은 채 이야기를 마무리하는 것이 무책임하다고 느껴질 수도 있다.

인간다움을 어떻게 보존할 것인가에 대한 논의는 분명히 필요하며, 그 필요성을 제기하는 것이 이 책을 쓴 목적 중 하나다. 그러나 4차 산업혁명 시대의 도전에 맞서 인간다움을 지키고 양육하는 방법을 찾는 것은 책의 한 챕터로 이야기될 수 있는 내용이 아니다. 공감, 이성, 자유가 작동하는 방식에 대한 철학적, 심리학적 분석이 세밀하게 이루어져야 한다. 또한 4차 산업혁명의 여파에 대해서도 다양한 측면에서의 분석이 필요하다. 이런 노력 없이 "공감 능력을 증진하기 위해서는 책을 많이 읽어야 한다.", "이성을 함양하기 위해 토론하는 문화가 필요하다."라는 식의 뻔한 이야기를 하는 것이야말로 무책임한 일이다. 미래 지향적인 해결 방안에 대한 탐구는 별도의 책으로 깊이 있게 다뤄질 필요가 있으며, 이 작업은 미래의 과제 또는 다른 사람의 과제로 남겨놓고자 한다.

그렇다고 이 책이 인간다움을 어떻게 보존할 것인가에 대한 논의에 기여한 바가 없는 것은 아니다. 인간다움을 어떻게 보존하고 발전시킬 것인가 하는 질문은 다소 막연하게 느껴진다. 반면 공감을 어떻게 증진할 것인가 하는 질문

은 훨씬 구체적이다. 이성, 자유의 경우도 마찬가지다. 이
책은 인간다움이 공감, 이성, 자유로 구성되어 있음을 제시
함으로써 인간다움의 미래에 대한 논의에 구체적이고 현실
적인 기반을 제공하고자 했다. 각 요소에 어떤 특성이 있으
며 이들이 각기 어떤 도전에 직면해 있는지도 살펴보았다.
문제의 본질과 본성을 이해하고, 그 구조를 정확히 파악하
는 것은 올바른 답을 찾아가기 위한 첫걸음이다. 이 책이
어떻게 인간다움을 지키고 발전시킬 것인가에 대한 논의의
문을 여는 첫걸음이 되기를 바란다.

이제 인간다움을 이야기할 때 냉소적으로 반응하는 이
들에게 대답하는 것으로 이 책을 마무리하고자 한다. 인간
다움에 대해 이야기한다고 하면 '어떻게 사는 것이 옳은지'
에 대한 피곤하고 고리타분한 교훈적 담론을 연상하는 경
향이 있다. 그러나 이 책은 교훈이나 훈시를 담고 있지 않
다. 이 책은 인간다움의 개념이 어떻게 만들어졌고, 어떤 도
전을 받고 있는가를 지성사의 측면에서 살펴보는 데 집중했
다. 물론 윤리적 규범을 이야기하는 것에 거부감을 느끼는
사람들은 여전히 이 책의 작업에 대해 반감이 생길 수 있다.
나는 그저 다른 이들에게 피해를 주지 않으면서 행복하게
사는 것을 목표로 하고 있으니 인간다움을 이야기하며 나를
피곤하게 만들지 말아 달라는 식의 입장이 한 예다.

과연 인간다움은 개인의 행복과 무관할까? 인간다움은 단지 고상한 관념일 뿐 우리의 미래가 만들어지는 과정에 아무런 영향을 미치지 못하는 무력한 개념인가? 인간다움과 행복의 관계를 살펴봄으로써 이 질문들에 접근해보자.

행복으로 가기 위해 통과하는 관문

행복은 삶의 가장 중요한 관심사 중 하나다. 어떤 삶을 살고 싶은가를 물으면 가장 흔히 들려오는 대답이 '행복한 삶'이다. 자식이 어떤 삶을 살기를 바라는지 물으면 역시 '행복한 삶'이 대답으로 돌아온다. 행복을 생각할 때 가장 먼저 떠오르는 것은 감각적 만족이다. 우리는 먹고, 자고, 배설해야 한다. 감각적 욕구가 충족되지 않은 채 삶이 온통 고통만으로 가득 차서는 행복할 수 없다.

그러나 감각적 욕구가 채워진다고 해서 행복이 보장되지는 않는다. 우리는 가치를 추구하며 산다. 어떻게 사는 것이 합당한가, 어떤 행위가 의미 있는 행위인가 등에 대한 문화적 규범은 한 시대의 에토스를 구성한다. 이러한 가치가 만족되지 않으면 우리는 결핍을 느낄 수밖에 없으며, 행복은 요원하다. 존 스튜어트 밀은 "만족한 돼지보다는 불만족한 소크라테스가 낫다."라고 했다. 이어서 그는 다음과 같이 말한다. "자기 자신의 행복이 아닌 다른 대상에 마음을 두는 사람들만이 행복하다. 다른 사람들의 행복, 인류의 향상, 하물며 예술처럼 무언가를 수단으로서가 아니라 그 자체로 추구할 때 행복이 찾아온다."[116]

돼지에게는 없으면서 소크라테스에게 있는 그런 가치를 추구할 때 행복하다는 말이다. 인간을 인간이게 만드는 것, 인간을 짐승과 구분해주는 가치와 의미는 우리가 논의해온 인간다움과 궤를 같이한다. 자신의 감각적 만족을 넘어 인간다움을 갖추어야 행복할 수 있다는 말이다.

인간다움은 인간이 동물과 다른 품격을 갖추기 위해 애써 지켜야 하는 윤리적 규범에 머무르지 않는다. 동물로서의 인간은 감각적 욕구가 어느 정도 충족되지 않고서는 행복할 수 없다. 마찬가지로 동물과 다른 존재로서의 인간은 인간답지 않고서는 행복할 수 없다. 인간다움은 개인의 행복을 희생하며 따라야 하는 도덕적 규범이 아니라 행복으로 가기 위해 통과해야 하는 관문이다. 행복하기만을 바랄 뿐 인간다움에는 관심이 없다는 식의 냉소는 행복이 무언지 모르는 이의 것이다. 행복이 무언지 아는 사람은 그런 말을 하지 않는다.

우리는 많은 경우 어떤 목적을 성취하기 위해 행동한

다. 그리고 이런 목적들은 다른 목적과 연쇄적으로 연결되어 있다. 예를 들어, 내가 지금 지하철을 타는 것은 강남역으로 가는 목적이 있기 때문이며, 이 목적은 강남역 근처의 영화관에서 영화를 보고자 하는 상위의 목적을 위한 수단이다. 연쇄적으로 얽힌 목적의 사슬 마지막에 자리 잡고 있는 것이 행복이다. 행복이 목적으로 제시될 때 '왜 행복하려 하는가', '행복이 봉사하는 다른 목적이 무엇인가' 하는 질문은 제기되지 않는다.

행복은 목적의 연쇄에서 최종적인 방향키 역할을 하며 인간의 행위에 영향을 미친다. 행복에 대해 어떤 생각을 갖고 있는가에 따라 사람들의 최종 목적지가 달라지고, 그 결과 미래 사회의 모습이 달라진다는 의미다.

인간다움에 대한 생각이 달라지면
미래가 달라진다

인간다움에 대한 생각이 행복에 대한 생각을 좌우한다는 것을 보았다. 즉 인간다움에 대한 생각이 달라지면, 행복에 대한 생각이 달라진다는 의미다. 나아가 행복이 행동을 좌우하는 것도 보았다. 행복에 대한 생각이 달라지면,

인간의 행동 양식이 달라진다는 의미다. 단순한 삼단논법을 사용하면 다음의 결론이 나온다. 인간다움에 대한 생각이 인간의 행동 양식을 좌우한다. 인간다움에 대한 생각이 달라지면, 인간의 행동 양식이 달라진다. 행동 양식이 달라지면, 당연히 그 결과로 나타나는 미래 사회가 달라질 수밖에 없다. 인간다움에 대해 어떤 생각을 갖고 있느냐에 따라 미래 사회의 모습이 달라진다는 이야기다.

우리 사회가 어떤 모습을 갖기를 원하는가? 어떤 사회를 미래 세대에 물려주기를 바라는가? 인간다움에 대한 논의는 추상적인 도덕적 담론에 머물지 않는다. 인간다움에 대해, 그리고 행복에 대해 어떤 생각을 갖고 있는가에 따라 미래 사회가 달라지기 때문이다.

우리가 살아갈 앞날은 어떨까? 어떤 사회를 미래 세대에게 물려주고자 하는가? 이를 숙고하는 사람이라면, 우리가 지금 인간다움에 대해 어떤 개념을 갖고 있으며 그 개념이 어떤 사정에 있는가를 돌아보지 않을 수 없다. 이 책의 논의가 인간다움이 처한 오늘의 상황을 찬찬히 돌아보고 이야기하는 계기가 되기를 바란다.

주석

1   Brickman and Campbell (1971), "Hedonic relativism and planning the good society" in M. H. Apley, ed., *Adaptation Level Theory: A Symposium* (New York: Academic Press).

2   https://livingplanet.panda.org

3   E. Hatfield, J. Cacioppo, and R. Rapson (1993), "Emotional Contagion" *Current Directions in Psychological Science*. 2 (3): pp. 96-99.

4   G. Rizzolatti and L. Craighero (2004), "The mirror-neuron system", *Annual Review of Neuroscience*. 27 (1): pp. 169-192.

5   G. Hickok (2009), "Eight problems for the mirror neuron theory of action understanding in monkeys and humans", *Journal of Cognitive Neuroscience*. 21 (7): pp. 1229-1243.

6   C. D. Batson (2009), "These things called empathy: Eight related but distinct phenomena" in Decety J, Ickes W (eds.), *The Social Neuroscience of Empathy* (Cambridge: MIT Press): pp. 3-15.

7   판단이 공감에 영향을 미치는 다양한 방식에 대해서는 다음을 참조: H. Yu, J. Chen, B. Dardaine, and F. Yang (2023), "Moral barrier to compassion: How

perceived badness of sufferers dampens observers' compassionate responses",
Cognition 237: pp. 1-21.

8   David Hume (1739/2000), *A Treatise of Human Nature* (New York: Oxford
     University press) p. 266.

9   유발 하라리는 이를 근대의 휴머니즘이라고 부른다. (김명주 역)(2017), 『호모
     데우스』(김영사).

10   소극적 자유와 적극적 자유를 구분한 것은 칸트에 의해 시작되었고, 이사야
     벌린은 이들을 상세히 구분하여 논의한다. I. Berlin (1969), "Two Concepts of
     Liberty", in I. Berlin, *Four Essays on Liberty* (London: Oxford University Press).

11   세계관의 변화에 따른 인류의 발전을 거의 전적으로 이성의 공로로 돌리는
     것은 지나치게 일방적이며, 이성에 대한 과도한 환상에 의존하는 것으로
     생각한다. 스티븐 핑커가 그런 경향을 가진다. Steven Pinker (2012), *The Better
     Angels of our Nature: Why Violence has Declined* (Penguin Books) 그리고 (2018) *the
     Enlightenment Now* (Viking).

12   언어의 발전, 협력, 그리고 집단적 정착생활의 구체적인 시점에 대해서는
     사료의 한계에 의해 대략적인 추정만이 가능하며, 학자들 사이에 어느 하나
     확정적으로 동의된 것이 없다. 이 발전에 대한 개설적인 소개를 위해서는
     앞에 소개한 유발 하라리 (2015), (조현욱 역), 『사피엔스』(김영사) 참조.

13   Wilfred Cantwell Smith는 종교(religion)라는 단어의 어원을 고대 로마의
     religio에서 비롯된 것으로 해명하면서 그 의미는 의례적인 맥락에서
     출발했다고 설명한다. *The Meaning and End of Religion,* (Augsburg Fortress
     Publishers, 1991). (길희성 역), 『종교의 의미와 목적』(분도출판사).

14   리차드 컴스탁 (2017), (윤원철 역), 『종교의 이해』, (지식과 교양): 52쪽.

15   N. D. Fustel de Coulanges, The Ancient City (New York): pp. 128-9.

16   의례가 사회 결속의 기능을 하는 여섯 가지 방법에 대해는 앞의 컴스탁의 책
     94-99쪽 참조.

17   에밀 뒤르켐 (2020), (민혜숙, 노치준 역), 『종교생활의 원초적 형태』(한길사).
     뒤르켐은 종교를 개인의 체험과 생활을 공동체 전체의 생활에 통합시키는
     사회화의 기제로 설명한다.

18   플라톤은 아테네와 스파르타 사이에 벌어진 펠로폰네소스 전쟁으로 사회가
     혼란해진 시기에 태어났다. 플라톤은 평화롭고 안정적이었던 과거에 대한
     향수를 갖고 있었다. 이 향수가 그의 사상에 영향을 미쳐 조화를 강조하게
     되었다고 해석하는 역사가들도 있다.

19   아리스토텔레스의 행복, 윤리, 인간다움에 대한 논의를 위해서는 다음을

참조하라: (박문재 역) (2022), 『니코마코스 윤리학』 (그리스어 원전 완역본) (현대지성).

20 독일의 역사가 요한 구스타프 드로이젠이 1833년 자신의 저서에서 처음 이 표현을 사용한 것으로 알려져 있다. Johann Gustav Droysen (1833) *Geschichte des Hellenismus*.

21 2장에서 로고스와 이성을 설명한 부분을 참조하라.

22 이런 해석은 중세 역사가인 J. W. Southern (1953), *Making of the Middle Ages* (London)를 참고하라.

23 안셀무스와 베르나르두스를 통한 내적 성장에 관한 논의는 Southern의 위의 책 5장을 참조하라.

24 16세기에 인쇄술이 보급되면서 사람들 사이에 명상집 또는 자서전을 쓰는 일이 확대되었다. 이러한 움직임의 씨앗이 베르나르두스의 영향 아래 진행된 시토회의 운동에서 심어졌다고 해도 과언은 아니다.

25 J. Michelet (1847), (G. H. Smith trans.) *History of France* (New York: D. Appleton).

26 야코프 부르크하르트 (2003), (이기숙 역), 『이탈리아 르네상스의 문화』 (한길사).

27 이러한 변화는 우리가 앞 장에서 본 예수상의 변화와 일맥상통한다. 만왕의 왕에서 점차 십자가 위에서 고통을 받으며 죽어가는 예수의 상으로 변화하는 중세 후반의 흐름이, 이제 르네상스에서 큰 강으로 이어지는 것으로 볼 수 있다.

28 이런 관점에서 주목할 만한 인물이 독일의 화가이자 판화가인 알브레히트 뒤러(Albrecht Dürer, 1471-1528)다. 그는 외부세계를 묘사하는 데서 눈을 돌려 자신의 모습을 그려내는 자화상의 영역을 개척한다. 어린 자신의 모습을 그리기도 하고, 예수를 연상시키는 엄숙한 모습으로 자신의 내면세계를 그려내기도 한다.

29 Thomas Fowler (ed.) *Novum Organum* (Clarendon Press, 1878). 번역서는 프랜시스 베이컨 (2016), (진석용 역), 『신기관』 (한길사).

30 르네 데카르트 (2022), (이현복 역), 『방법서설』 (문예출판사).

31 허버트 버터필드 (1980), (차하순 역), 『근대과학의 기원』 (탐구당).

32 피터 싱어(Peter Singer)는 이러한 생각을 발전시키면서 문명화의 과정은 인격체로 인정받는 집단이 확장되는 과정이라고 이야기했다. 그리고 고통과 쾌락에 따른 이해관계를 갖는 존재들을 동등하게 고려하는 원리가 이 확장의 과정에 중요하게 작동한다고 했다. 이 작업이 보편적 원리를 통해 사태를 설명하고 정당화하는 이성의 역할임은 두말할 필요가 없다. Peter Singer

(2011), The Expanding Circle: Ethics and Sociobiology (New Jersey: Princeton University Press).

33 다음에서 재인용: D. Sassoon (2001), *Becoming Mona Lisa: The Making of a Global Icon* (New York: Hartcourt), p. 19.

34 Martin Luther (1530), *The Large Catechism* in (P. E. Person ed.), *What does This Mean?: Luther's Catechism Today* (Minneapolis: Augsburg Publishing, 1970), p. 82.

35 D. McMahon (2006), *Happiness* (New York: Grove Press), p. 171.

36 P.H. Nidditch (1975), (ed.), *An Essay Concerning Human Understanding* (Oxford: Oxford University Press).

37 *Treatise of Human Nature* (T II.3.3 415)

38 (1970), *An Introduction to the Principles of Morals and Legislation*, in (J. H. Burns, J. R. Dinwiddy, F. Rosen, T. P. Schofield eds.) *The Collected Works of Jeremy Bentham*, (London: Athlone Press; Oxford: Clarendon Press), p. 11.

39 R. Porter (2000), *Enlightenment: Britain and the Creation of the Modern World* (London: Penguin), pp. 269-270.

40 Robert Burton (2001), *The Anatomy of Melancholy*, (New York: New York Review of Books), pp. 120-121.

41 *An Essay Concerning Human Understanding*, 2.28.5, 2.28.8

42 섀프츠베리 백작이 도덕 정서주의(moral sentimentalism)라고 불리는 이 사조의 효시로 간주된다. Shaftesbury, *An Inquiry Into Virtue and Merit*, in D. Den Uyl (2001) (ed.), *Characteristics of Men, Manners, Opinions, Times*, Vol.2, (Indianapolis, IN: Liberty Fund), pp. 1-100.

43 (L. A. Selby-Bigge ed.) (1978), *A Treatise of Human Nature* (Oxford: Clarendon Press).

44 A. Smith (1759), *The Theory of Moral Sentiments*, D.D. Raphael and A.L. Macfie (eds.) (1976), (Oxford: Oxford University Press).

45 W. Blake, Milton (1907), *The Prophetic Books of William Blake* (Kessinger Publishing, 2010).

46 박홍규 (2020), "박홍규의 아나키스트 열전15-블레이크" (교수신문, 2020년 2월 3일 자 칼럼), http://www.kyosu.net/news/articleView.html?idxno=47683 인용.

47 C. Darwin, *The Descent of Man* (New York: Prometheus Books, 1998) p. 130.

48 여기서부터 소개되는 도덕에 대한 니체의 입장은 다음의 책에 나타난다: (1887) (Maudemarie Clark and Alan Swensen trans.), *On the Genealogy of Morality*, (Indianapolis: Hackett, 1998). 번역서로는 (박찬국 역), 『도덕의 계보』 (아카넷,

2021)

49   *The Descent of Man*, p. 75.

50   *The Descent of Man*, p. 81.

51   *The Descent of Man*, p. 110.

52   *The Descent of Man*, p. 126.

53   *The Descent of Man*, p. 139.

54   (1881)*Daybreak: Thoughts on the Prejudices of Morality*, R.J. Hollingdale (trans.), (Cambridge: Cambridge University Press, 1997): p. 133. 번역서로는: 프리드리히 니체, (박찬국 역), 『아침놀』(책세상, 2004)

55   *On the Genealogy of Morality* III, 18.

56   Russell 1945/1972, pp. 762–66.

57   프리드리히 니체, (안성찬, 홍사현 역), 『즐거운 학문, 메시나에서의 전원시, 유고(1881년 봄~1882년 여름)』(책세상, 2005), 338쪽.

58   Karl Marx and Friedrich Engels, *Communist Manifesto* (New Haven: Yale University Press, 2012): p. 76.

59   *Communist Manifesto*, p. 80.

60   *Communist Manifesto*, pp. 86–7.

61   리처드 도킨스, (홍영남, 이상임 역), (2018) 『이기적 유전자』(을유문화사)와 Edward O. Wilson (2004), *On Human Nature* (Cambridge: Harvard University Press)를 참조하라.

62   Edward O. Wilson, "The Environmental Ethic", *Hastings Environmental Law Journal* vol. 3, no. 2: p. 330.

63   Edward O. Wilson (2015), *The Meaning of Human Existence* (Liveright Publication), p. 14.

64   R. Dawkins (2016), *The Selfish Gene* (Oxford : Oxford University Press), Introduction.

65   Dawkins (2015), *Blind Watchmaker*, (W. W. Norton & company), pp. 298–9.

66   *The Descent of Man*, p. 100.

67   *The Descent of Man*, pp. 88–9.

68   *The Descent of Man*, p. 100.

69   E. Wilson (2000), *Sociobiology* (Cambridge, Mass.: Belknap Press of Harvard University Press), ch. 1 도입부.

70   Edward 0. Wilson, *On Human Nature*.

71   Wilson, *Sociobiology*, 마지막 장.

72   주장의 발생 경위와 정당성을 이처럼 혼동하는 것은 논리학에서 '발생적 오류'라고 불린다.

73   *On Human Nature*, p. 197

74   J. Maistre (1974), *Considerations on France*, (R. Lebrun trans.) (Montreal: McGill-Queens University Press), p.97.

75   Wolin (2004), *The Seduction of Unreason: The Intellectual Romance with Fascism from Nietzsche to Postmodernism*, (Princeton: Princeton Univ. Press): p. 27에서 재인용.

76   Martin Heidegger, "The Self-Assertion of the German University and The Rectorate 1933/34: Facts and Thoughts," *Review of Metaphysics*; Washington, etc. Vol. 38, Iss. 3, (1985): 467-502, p. 476.

77   민족적 국가주의를 핵심으로 하는 파시즘이 사회주의도 공격의 대상으로 삼은 것을 이런 맥락에서 이해할 수 있다. 무솔리니가 처음에는 사회주의자였으나, 후에 사회주의를 비판한 것을 흔히 권력을 잡기 위한 전략적 선택의 결과로 해석하는 이들이 있다. 그러나 이러한 변화는 그런 상황적 요소를 넘어 민족주의에 기반한 파시스트 무솔리니의 필연적 귀결이 아닐까 싶다.

78   이러한 조류를 대변하는 대표적인 사조는 독일 프랑크푸르트학파의 비판이론이다.

79   프랑스의 철학자 토크빌은 평등을 강조하는 민주주의에서 다수결에 의한 폭정이 나타날 수 있음을 주장한다. 참조: 알렉시스 드 토크빌, (임효선, 박지동 역), 『미국의 민주주의 I, II』 (한길사, 1997).

80   푸코의 입장을 위해서는 1979년 5월 11일 자 기고문 "Inutile de se soulever?"를 보라. 영문 번역은 "Is it Useless to Revolt?", *Philosophy and Social Criticism*, VIII(1) (Spring 1981), pp. 1-9. 또한 "Iran: the Spirit of a World Without Spirit", in Michel Foucault (1998), *Politics, Philosophy, Culture* (New York: Routledge), pp. 211-226을 보라.

81   Nick Bostrom (2016), *Superintelligence: Paths, Dangers, Strategies* (Oxford: Oxford Univ. Press)에서 재인용.

82   레이몬드 커즈와일, (김명남, 장시형 역), 『특이점이 온다』 (김영사, 2007)

83   쥐의 신체에 인간의 귀를 구성하는 줄기세포를 이식해 쥐의 등에 사람의 귀와 같은 것이 생성되었다. 많은 독자가 이 내용이 기사로 보고되었던 것을 기억할 것이다.

84   Hume, D., 1978, *A Treatise of Human Nature*, p. 415.

85 고종관 기자의 뉴스웍스, 2020년 1월 15일 자 기사, "소득하위 20% '건강수명', 상위 20%보다 11년 짧아"를 참조하라.

86 Don Tapscott (2008), *Grown up Digital: How the Net Generation is Changing Your World* (McGraw Hill) 참조.

87 Steven Pinker (2011), *The Better Angels of our Nature* (East Rutherford: Penguin Publishing Group).

88 Dave Chaffey (2023), "Global social media statistics research summary 2023" https://www.smartinsights.com/social-media-marketing/social-media-strategy/ new-global-social-media-research

89 https://datareportal.com/reports/digital-2020-south-korea

90 통계청의 2023년 5월 온라인 쇼핑 동향 자료에 의하면, 온라인 쇼핑 비율은 25퍼센트에 달한다.

91 Richard Watson (2010), *Future Minds* (Nicholas Brealey).

92 Ofcom (2013), "Adults' media use and attitudes report" http://stakeholders. ofcom.org.uk/binaries/research/media-literacy/adult-media-lit-13/2013_Adult_ML_Tracker. pdf.

93 Bohannon, J. (2013), "Online marriage is a happy marriage." http:// www.smh.com.au/comment/online-marriage-is-a-happy-marriage-20130606-2ns0b.html.

94 Robert Kraut, Michael Patterson, Vicki Lundmark, Sara Kiesler, Tridas Mukopadhyay, and William Scherlis, "Internet Paradox" *American Psychologist* (1998) Vol. 53, No. 9: pp. 1017-1031.

95 Robert Kraut, Sara Kiesler, Bonka Boneva, Jonathon Cummings, Vicki Helgeson, Anne Crawford, "Internet Paradox Revisited," Social Issues vol. 58 issue 1 (2002): pp. 49-74.

96 Twenge, J. M., Konrath, S., Foster, J. D., Campbell, W. K., & Bushman, B. J. (2008), "Egos inflating over time: A cross-temporal meta-analysis of the narcissistic personality inventory" *Journal of Personality* 76, pp. 875-902. Twenge, J. M., & Foster, J. D. (2010), "Birth cohort increases in narcissistic personality traits among American college students, 1982-2009", *Social Psychological and Personality Science*, 1, pp. 99-106.

97 Campbell, W. K., Rudich, E. A., & Sedikides, C. (2002), "Narcissism, self-esteem, and the positivity of self-views: Two portraits of self-love", *Personality Social Psychology Bulletin* 28, pp. 358-368.

98 Campbell, W. K. (1999), "Narcissism and romantic attraction", *Journal of Personality and Social Psychology*, 77, pp. 1254-1270

99 Konrath et al, "Changes in Dispositional Empathy in American College Students Over Time: A Meta-Analysis", *Personality and Social Psychology Review* vol. 15 issue 2 (2011): pp. 180-198.

100 Berger, C., & Rodkin, P. C. (2009), "Male and female victims of male bullies: Social status differences by gender and informant source"', *Sex Roles*, 61, pp. 72-84.

101 M. Waldman, S. Nicholson, and N. Adilov (2006), "Does television cause autism? *Working Paper No. 12632* (Cambridge, MA: National Bureau of Economic Research).
M. Waldman, S. Nicholson, and N. Adilov (2012), "Positive and negative mental health consequences of early childhood television watching", *Working Paper No. 17786*. Cambridge, MA: National Bureau of Economic Research).

102 I. Hertz-Picciotto and L. Delwichem(2009), "The rise in autism and the role of age at diagnosis", *Epidemiology* 20, no.1, pp. 84-90.

103 S. Konrath, E. H. O'Brien, and C. Hsing (2011), "Changes in dispositional empathy in American college students over time: A meta-analysis", *Personality and Social Psychology Review* 15, no.2, pp. 180-198.

104 G. Gini, P. Albiero, B. Benelli, and G. Altoè, (2007), "Does empathy predict adolescents' bullying and defending behavior?", *Aggressive Behavior*, 33, pp. 467-476.

105 C. D. Pornari and J. Wood (2010), "Peer and cyber aggression in secondary school students: The role of moral disengagement, hostile attribution bias, and outcome expectancies", *Aggressive Behavior* 36, no. 2, pp. 81-94.
L. D. Rosen, (2012), *iDisorder: Understanding our obsession with technology and overcoming its hold on us.* (Palgrave Macmillan).

106 Selinger, E. and Frischmann, B. (2016), "The dangers of Smart Communication Technology," *The Arc Mag* 13.

107 Plato, *The Phaedrus* 274d.

108 Whitehead (1911), *An Introduction to Mathematics*: pp. 45-46.

109 Carr, N. (2014), *The glass cage: Where automation is taking us.* (London: The Bodley Head).
Crawford, M. (2015), *The world beyond your head.* (New York: Farrar, Strauss and

Giroux).

Newport, C. (2016). *Deep Work*. (New York: Grand Central Publishing).

110　Nass, C. and Flatow, I. (2013) "The myth of multitasking," *NPR: Talk of the Nation* 10 May 2013.

Ophir, E., Nass, C., & Wagner, A. (2009). "Cognitive control in media multitaskers", PNAS, 107(37), pp. 15583-15587

van Nimwegen, C., Burgos, D., Oostendorp, H and Schijf, H. (2006). "The paradox of the assisted user: Guidance can be counterproductive," *Proceedings of the SIGCHI Conference on Human Factors in Computing Systems*: pp. 917-926.

111　Krakauer, D. (2016), "Will artificial intelligence harm us? Better to ask how we'll reckon with our hybrid nature," *Nautilus* 6.

112　Morozov, E. (2013). "The real privacy problem," *MIT Technology Review*.

113　넛지 현상은 R. Thaler R. and C. Sunstein (2008), *Nudge: improving decisions about health, wealth, and happiness* (Penguin Books, New York)를 통해 대중에게 널리 알려졌다.

114　Yeung K. (2017) "Hypernudge: Big Data as a mode of regulation by design" *Information, Communication & Society* 20(1): 118-136.

115　Lanzing M (2019) "Strongly recommended, revisiting decisional privacy to judge hypernudging in self-tracking technologies" *Philosophy and Technology* 32: 549-568.

116　John Stuart Mill, *Autobiography* (London: Lognmans, Green, Reader, and Dyer) p. 142

KI신서 11534

인간다움

1판 1쇄 발행 2023년 11월 29일
1판 2쇄 발행 2023년 12월 26일

지은이 김기현
펴낸이 김영곤
펴낸곳 (주)북이십일 21세기북스

콘텐츠개발본부이사 정지은
서가명강팀장 강지은 **서가명강팀** 박강민 서윤아
디자인 studio forb
출판마케팅영업본부장 한충희
마케팅2팀 나은경 정유진 박보미 백다희 이민재
출판영업팀 최명열 김다운 김도연
e-커머스팀 장철용 권채영 전연우
제작팀 이영민 권경민

출판등록 2000년 5월 6일 제406-2003-061호
주소 (10881) 경기도 파주시 회동길 201(문발동)
대표전화 031-955-2100 **팩스** 031-955-2151 **이메일** book21@book21.co.kr

ⓒ 김기현, 2023
ISBN 979-11-7117-219-1 03100

(주)북이십일 경계를 허무는 콘텐츠 리더

21세기북스 채널에서 도서 정보와 다양한 영상자료, 이벤트를 만나세요!
페이스북 facebook.com/jiinpill21 **포스트** post.naver.com/21c_editors
인스타그램 instagram.com/jiinpill21 **홈페이지** www.book21.com
유튜브 youtube.com/book21pub

서울대 **가**지 않아도 들을 수 있는 **명강**의! 〈서가명강〉
서가명강에서는 〈서가명강〉과 〈인생명강〉을 함께 만날 수 있습니다.
유튜브, 네이버, 팟캐스트에서 '**서가명강**'을 검색해 보세요!